연두를
　　기
　　다
　　리
　　며

박현명
지음

연두의 순간은 언젠가 다시 찾아온다

연두를 기다리며

작은 순간이 모여 빛이 되는 시간

계절과 감정을 오가며,
삶의 섬세한 풍경을 기록한 에세이집

바른북스

추천사

몽환적 사고의 작가

전수림(수필가, (사)한국수필가협회 부이사장)

박현명 수필가는 투명한 유리컵에 보랏빛 스무디를 붓고 그 위에 우윳빛 크림을 얹는 감각을 지닌 사람이다. 두 가지 색이 맞닿아 만들어 내는 몽환적이고 오묘한 보석 오팔 같은 색채. 그 안에는 선명하지 않지만 분명한 경계를 만들어 내는 감성의 결이 있다. 그녀는 그 복합적인 색의 작가다. 감정의 경계를 무너뜨리고 다층적인 내면의 풍경을 겹겹이 쌓아 올리며 글이라는 언어로 스며들게 한다.

박현명 수필가를 생각하면 떠오르는 단어 하나. '위로'다. 위로는 말보다 먼저 눈빛으로 건너오고, 어떤 경우엔 침묵이 더 많은 이야기를 품고 있다. 박현명 수필가를 제대로 알게 된 때는, 마음의 중심이 무너지고 몸마저 고단하던 어느 날이었다. 괜찮으냐는 물음을 직접 입에 담지는 않았지만,

그녀는 말 대신 따뜻한 눈으로 내 안을 들여다보았다. 밥이나 먹자고 조용히 웃던 표정이었다. 그것은 어떤 말보다 더 다정했고, 침묵 속에서 건네는 깊은 품의 언어였다. 그녀는 그렇게 위로가 필요한 사람 곁에 조용하다. 굳이 조언하거나 말을 덧붙이지 않았다. 고개를 조용히 끄덕이며, 함께 마음을 앓아주는 것만으로도 그 자리에 충분했다.

박현명 수필가의 《연두를 기다리며》는 마치 조용한 바람이 오래된 그리움의 잎을 살며시 흔들어 주는 듯하다. 박현명이라는 사람, 그녀가 가진 감성의 결, 그리고 한 사람의 아내이자 엄마로. 작가로서 살아온 시간의 무늬가 책 곳곳에 흐르고 있다. 여행을 가지 않아도 여행을 떠나는 법을 알아내고, 삶의 작은 순간들을 온기 있는 시선으로 바라본다. 남편과 함께 쑥을 뜯으러 가서 들판을 거닐고, 대학생이 된 아들과 종종 여행을 떠나는 평범한 일상 속에서 그녀는 특별한 감정의 깊이를 건져 올린다. 그 시선은 오후의 햇살을 마치 밀레의 〈만종〉 속 풍경처럼 바라보고 〈가을, 감동한 일이 있었는가〉라고 묻는다. 연둣빛으로 서서히 물들어 가는 들판에서 삶의 고요한 숨결을 감지한다. 그녀는 단지 보는 것이 아니라 '느끼는' 사람이고, 그것을 글로 옮기는 작가이다.

박현명 수필가의 글은 천천히 읽히고, 조용히 따라온다. 내용이 길어서가 아니다. 그녀의 문장은 독자를 내면의 더 깊은 곳으로 천천히 이끈다. 스스로의 마음에 묻고, 그 물음에 답하며, 그러다가 때론 길을 잃은 듯 헤매다가도 다시 자신의 자리를 찾아간다. 그녀는 안다. 작가란, 그렇게 내면의 수렁 속에서 길을 찾는 존재라는 것을. 그래서 그녀는 자신의 흔들림마저 기꺼이 기록한다. 그 흔들림조차 아름다움이 될 수 있다는 것을 알기 때문이다. 글에는 아련한 그리움이 있지만 미련하지 않은, 온몸으로 겪은 외로움이 독자에게 스민다.

〈노랑과 연두 그리고 초록〉에서는 2월이라는 계절을 '이도 저도 아닌 달'이라 표현한다. 이른 봄을 데려온 시름없는 꽃을 바라보며, 다시 연두를 기다리는 마음을 풀어낸다. 겨우내 가슴속을 움켜쥐고 있던 감정들이 서서히 녹아내리는 계절, 노랑과 분홍과 하양이 어우러져 연두로 번져가는 풍경 속에서 그녀는 숨을 고르고, 마음을 정리한다. 취기 어린 5월의 꽃향기에 취하고, 향기로 가득한 계절에 기대어, 자신을 조금 놓아준다. 그 순간순간이 고스란히 그녀의 서정이 된다.

박현명 수필가는 스스로가 생각하는 것보다 훨씬 더 부유한 사람이다. 늘 마음대로 살지 못했다고 자책하는 듯하지만, 오히려 그녀는 그 안에서 자신만의 방식으로 삶을 풍요롭게 꾸려왔다. 가족, 친구들과 따뜻하게 어울리며, 삶을 향한 시선을 견고하게 유지한 채, 거리를 조금씩 좁혀왔다. 누군가에게 기대면서도, 오롯이 자신의 길을 걷는 사람. 성실하려 애썼고, 인정받고 싶었고, 사랑받기를 원했다. 그 모든 갈망은 결핍을 채우려는 몸짓이 아니라, 자신을 찾아가는 여정의 일부였음을 그녀는 알게 된다.

글을 통해 그녀는 '나'로 살아가는 방식을 배워나갔다. 자신을 더 잘 이해하게 되었고, 타인을 더욱 깊이 공감할 수 있게 되었다. 비워지는 시간 속에서, 소소한 일상들로 삶을 다시 채우며, 박현명 수필가는 자신만의 속도로 살아가고 있음을 보여준다.

그녀를 말할 때, 빠질 수 없는 것이 바로 영화다. 오랜 시간 동안 《리더스 에세이》에 '수필로 읽는 영화'를 연재하여 많은 독자가 공감했다. 〈그녀의 목소리〉, 〈내 남자〉, 〈내가 누군지 결정해〉, 〈다시, 봄〉 등 그녀가 다룬 영화 속에는 늘 그녀 자신의 이야기가 어우러져 있다. 단순한 줄거리나 감상을 넘어, 삶과 맞닿은 감정들을 섬세하게 그려내었다. 영화는 그녀의 손끝에서 새로운 언어로 다시 태어난 것이다. 그녀의 글을 읽고 있노라면, 한 편의 영화를 조용히 함께 본 듯한 여운이 남는다.

 박현명 수필가는 글로 사람을 품는다. 그것은 기다림이며, 조용하지만 결코 가볍지 않은 단단한 생명력이다.《연두를 기다리며》는 그 마음이 세상에 피워낸 첫 번째 꽃이며, 앞으로 펼쳐질 넓은 글의 숲을 예고하는 작은 서막이다. 이제 그녀가 걸어갈 길은, 또 다른 누군가의 마음에도 꽃을 피워내는 여정이 될 것이다. 마음을 다해 써 내려간 글이, 언젠가 또 다른 이의 삶에 다정한 그늘이 되고, 햇살이 되고, 봄이 될 것이다.

 박현명 수필가의《연두를 기다리며》에 기대어, 오늘 하루를 조금 더 따뜻하게, 조용한 미소로 살아낼 수 있다면 좋겠다. 나를 보고, 삶을 보고, 슬픔을 건너는 법을 배울 수 있는 글. 그런 글을 써내는 작가가 박현명 수필가이다. 그녀의 내일을 진심으로 축복하고, 깊은 마음으로 응원한다. 축하합니다.

들어가며

　가끔 생각합니다. 태어나기 전의 삶을 기억할 수 없듯, 이번 생 또한 다음 생에서는 기억나지 않을 거라고. 그래서 지금을 화양연화처럼 가장 아름답게 살아야 하는지도 모릅니다. 그럼에도 종종 그다지 중요하지 않은 일들에 힘을 쏟으며 살아가곤 합니다. 그저 마음 깊은 곳의 목소리에 귀 기울이고, 그 시선을 따라 자신을 믿고 살아가면 되는 일일 텐데 말입니다.
　올해를 시작하며 제 안에 새긴 문장은 "그대의 삶은 그대 스스로 정의하라."였습니다. '지금 이 순간의 삶'을 분명히 하고 싶은 바람 때문입니다. 나무처럼 뿌리내린 자리에 볕이 적게 들거나 비가 많이 온다고 불평할 수는 없습니다. 느리더라도 조금씩 자라며 제가 심긴 자리에서 꽃을 피우는 것, 그것이 삶을 대하는 태도임을 배워갑니다.

　다가올 계절을 알려주는 색. 화려하지 않고 수수하지만 따뜻한 기운을 품은 색. 저는 그 색을 연두라고 부르고 싶습니다. 이 책은 그 연둣빛을 닮은 순간들을 모은 기록입니다.

대단한 사건이나 눈부신 성취가 아닌, 일상 속에서 스쳐 간 감정들, 놓치고 싶지 않았던 작고 여린 장면들을 담았습니다. 뜻밖의 위로가 되어준 풍경, 어린 시절의 기억, 영화 속 낯선 인물들, 그리고 그들을 통해 떠오른 저의 삶. 그런 사소한 깨달음의 순간들은 금세 사라지지만, 연두의 사각거리는 그 느낌처럼 마음속에 오래 남아 저를 붙잡아 줍니다.

연두를 기다린다는 것은 결국 삶을 믿는 일인지도 모릅니다. 때로 힘든 날이 있어도 다시 계절은 돌아오고, 무채색 같은 시간 뒤에도 다른 빛깔이 찾아온다는 것을 아는 것이지요. 저는 그 믿음을 조금이라도 더 느끼기 위해 글을 씁니다. 그리고 그 안에서 연두의 생명력 있는 온기를 확인하곤 합니다.

아직 완전히 물들지 않았지만 분명 다가오고 있는 따뜻한 기운을, 이 글을 읽는 당신도 느낄 수 있기를 바랍니다. 각자의 자리에서 기다림의 시간을 조금 더 단단하고 따뜻하게 견디는 힘이 되기를 바랍니다. 또한 자신만의 연두를 닮은 문장 하나라도 발견한다면, 그것으로 충분합니다. 그 문장을 찾은 당신은 또 다른 저의 모습일 테니까요.

이 책이 당신의 하루를 잠시나마 다정하게 물들였으면 좋겠습니다.

차례

추천사 • 몽환적 사고의 작가
들어가며

제1장 가을 그리고 겨울

가을, 감동한 일이 있었는가 • 018

꽃이 진다고 그대를 잊을까 • 024

나무의 정령, 바람으로 • 029

아름다움 • 032

속이 빈 나뭇등걸 속에서 내다본 꽃 같은 하늘 • 035

떠나지 않아도 여행을 경험하는 법 • 039

낯선 사람에게 집을 보여준다는 것 • 043

세상이 이토록 쉬울 줄이야 • 046

노을 • 050

눈, 겨울의 온기 • 053

제2장 　일상 Ⅰ ☕

그곳에 가면 • 060

달콤한 응답 • 064

혼자만의 자유 • 067

작가를 읽다 • 071

불안 한 톨 • 075

나의 레몬, 너무나도 좋은 느낌 • 079

한 송이 꽃 • 082

커피, 한 잔의 위로 • 086

이제야 보이는 것 • 089

제3장 　수필로
　　　읽는 영화 Ⅰ ✂

그녀의 목소리 • 094

그때는 왜 몰랐을까 • 098

내 남자 • 102

내가 누군지는 내가 결정해 • 106

다시, 봄 • 109

말하지 않아도 • 113

오늘은 여기까지 • 117

제4장 **봄**
그리고 여름

노랑과 연두 그리고 초록 · 122

봄날은 오는 듯 머무는 듯 · 126

감정의 날씨 · 130

쑥 뜯으러 가자 · 133

사진, 그 유채색 순간 · 136

마법의 주문 · 139

욕망을 부추기는 달 · 142

금줄 잇듯이 · 145

옥수수 · 148

여름 · 151

이상한 날들 · 155

제5장 일상 II

삽화 한 점 · 160

그녀의 원피스 · 164

그림을 그리듯 · 168

나만의 취향 · 171

결핍과 심리적 부조화: 내면을 향한 시선 · 175

십 년의 주기 · 179

어떤 순간: 삶의 정교한 타이밍을 포착하다 · 181

아찔한 순간 · 185

마음을 울려주는 일 · 188

제6장 수필로 읽는 영화 II

시간의 흐름에 순응하는 것 · 192

위플래쉬, 열정인가 광기인가 · 194

인생이 한 권의 연간 잡지라면 · 198

지금 이 순간 · 201

추앙과 해방 · 205

페인티드 베일 · 209

포가튼 러브 · 213

제1장

가을
그리고
겨울

가을,
감동한 일이 있었는가

가을, 감동한 일이 있었는가

 가을을 재촉하는 비가 내린다. 긴소매 옷을 입은 사람들의 모습이 아직은 낯설다. 지난한 여름을 보낸 보상으로 가을은 우리에게 무엇을 가져다줄 것인가.
 류시화의 〈오늘 감동한 일이 있었는가〉에는 앙드레 지드의 문장이 인용되어 있다. "풀벌레 하나, 꽃 한 송이, 저녁노을, 사소한 기쁨과 성취에도 놀라워하는 사람이 진정한 부자다." 가장 가난한 사람은 공감하고 감동하는 능력을 상실한 사람이라고. 그림을 보며 감동하지 못한 사람, 시를 읽으며 마음에 파문이 인 적이 없는 사람이라고 그는 말한다. 류시화는 명상을 지도하던 인도의 스승에게서 '일상을 시인의 눈으로 바라보라'는 조언을 들었다고 한다. 시인의 눈으로 보면 세상의 모든 것, 꽃과 나무와 사람, 심지어 오래된 건물까지도 새롭게 보인다는 것이다.

언젠가 지인이 보내준 창덕궁 후원의 가을 사진과 글귀가 떠오른다. 그때 나는 별 감흥이 없었지만 지인은 가을의 정취에 깊이 감동했던 모양이다. 무엇 때문인지 여유가 없었고 허기가 졌던 가을이었다. 흙모래를 한 움큼 삼킨 듯 마음이 서걱거려 감동이 들어설 자리는 없었다.

풍요와 성취가 어울리는 계절, 결과보다 과정이 더 소중하다는 것을 깨닫는다. 그 과정 속 기쁨을 통해 감동을 느끼고 싶은 가을이다.

9월

여름은 일장춘몽이었을까. 마치 한바탕 꿈을 꾸고 깨어난 듯, 9월이다.

몇 년 전의 여름날이 떠오른다. 신념으로 빛나던 그녀의 눈빛을 보았다. 그녀라면 혼란스러운 나의 내면을 바꿔줄 수 있을 것 같았다. 흔들림 없는 내적 확신, 그것은 내가 오래도록 갈망하던 것이었다. 그녀가 참여하는 수련 프로그램을 찾아 아이와 함께 전국을 돌았고, 심지어 미국 올랜도까지 갔었다. 나의 근원과 존재가치를 확인하고 싶었다. 무엇보다 초등학생이던 아이가 주도적인 삶을 살아가도록 도움을 주고 싶었다. 돈을 초월한 신념. 미래와 자신을 믿는 확신. 그것은 살면서 늘 목마른 것이었다. 아마 내면을 돌아보고 성찰하는 성향 때문이었을 것이다. 나를 깨고 나올 그 무언가를 간절히 바라던 때였다.

결과와 상관없이 여름 속에 푹 잠겨 있다가 정신을 차려보니 9월이 시작되고 있었다. 우여곡절이 끝나고 나면 언제나 가을의 문턱에 다다르곤 했다. 연애할 때도 9월이면 어김없이 이별이 찾아오곤 했다. 돌이켜 보면 9월은 이성으로, 현실로 돌아오라는 일종의 신호였는지도 모른다. 그것이 무엇이든 더 이상 주변에 휘둘리지 말라는 암시처럼. 선선한 공기로 계절이 바뀌는 것만으로도 그것을 알려주는 듯했다.

그렇다면 올해 9월은, 무엇으로부터 돌아와야 할까.

10월

10월이 되니 코끝에 스치는 공기부터 달라졌다. 드라이브를 하다 '허난설헌 묘' 표지판을 만났다. 경기도 광주 분원이었다. 강릉에서 그녀의 기념관을 봤는데 가까운 곳에서 또 그녀를 마주하니 반가웠다. 그래서인지 해마다 10월이면 그녀가 한 번씩 떠오르고 그녀의 시가 유독 가슴에 사무친다.

> 가을날 깨끗한 긴 호수는 푸른 옥이 흐르는 듯 흘러
> 연꽃 수북한 곳에 작은 배를 매두었지요.
> 그대 만나려고 물 너머로 연밥을 던졌다가 멀리서
> 남에게 들켜 반나절이 부끄러웠답니다.

몇 년 전 드라마 속 그녀가 읊조리던 시였다. 허난설헌, 그녀는 살아생전 세 가지 한을 입버릇처럼 말했다고 한다. "여자로 태어난 것, 조선에서 태어난 것, 김성립의 아내가 된 것" 시대를 잘못 타고난 것이 죄라면 죄였을까. 만약 지금 시대에 태어났다면 그녀는 자신을 얽매는 한계를 넘어 어떤 성취를 이루어 냈을까.

스물일곱 나이에 요절한 그녀는 불행한 결혼생활 속에서 두 아이마저 잃었다. 삶의 끈을 놓고 싶을 만큼 허망했을 그 마음은 글이 되었다. 그렇게 남긴 글이 방 한 칸 분량이었다니, 그 무게를 헤아리기도 어렵다. 규방에 갇힌 채 시대와 여자로서의 한계에 부딪히며, 그녀는 고뇌 어린 심정을 오로지 글 속에만 쏟아부었을 것이다. 그래서일까. 10월이면

그녀의 단아하고 정갈한 눈빛이 담긴 초상화와 시가 저릿하게 떠오른다.

어쩌면 드라마 속 허난설헌은 인생의 여름만을 살다 간 그녀가, 기념관의 족자를 뚫고 나와 환생한 것일지도 모른다.

그녀가 가을을 살았다면, 우리는 또 다른 허난설헌을 만나지 않았을까.

밀뜨리는 달

간밤에 비가 내리고 바람이 불더니 11월, '미틈달'이 시작되었다. 미틈달은 '갑자기 힘 있게 밀어버리다'는 뜻의 동사 '밀뜨리다'에서 온 명사형 방언 '미틈'과 '달'을 합친 말이다. 가을을 힘 있게 밀어버린다는 뜻일까.

11월 하면 어김없이 첫눈이 연상된다. 여고 시절, 11월 11일 개교기념일 무렵이면 해마다 첫눈이 내리곤 했다. 까뭇한 먼지처럼 언제 내렸는지도 모르게 흔적 없이 사라지는 첫눈은, 한겨울에 펑펑 내리는 눈과는 감흥이 다르다. 11월에 내리는 첫눈은 마치 겨울 내내 내릴 눈의 애틋한 첫사랑과도 같다. 중년의 무르익은 사랑과는 다른, 싱거운 듯 어설픈 햇사과 같은 풋풋함을 연상하게 한다. 눈으로 스치기만 해도 가슴 떨리던 첫사랑의 느낌을 닮았다.

현실적으로, 부실하게 보낸 1년을 반성하기에 11월처럼 안타깝고 절실한 달이 또 있을까. 12월만 되어도 지레 포기하거나 다음 해를 잽싸게 기약하기 마련이니. 또한 11월은 겨울의 혹독함도, 여름의 치열함도 없는 어정쩡한 달이다. 공휴일 하나 없는 퍽퍽한 날들이 이어지다가 어느 순간 미련 한 점 없이 겨울로 접어든다. 그 순응이 나는 못내 아쉽고 야속하다.

풀 한 포기, 거미줄에 맺힌 이슬, 떠도는 구름, 나뭇가지 사이로 퍼지는 햇살. 인디언들은 이 모든 것들에 영혼이 깃들어 있다고 믿었다. 그들은 11월을 '모두 다 사라진 것은 아닌 달'이라 불렀다. 모두 사라진 게 아니라면 남아 있는 것은 무엇일까. 그리움처럼 내리는 첫눈일까. 남아 있다는 사실만으로도 어쩐지 위로가 된다.

'독약 같은 사랑도 문을 닫고 바람도 어디로 가자고 내 등을 떠민다. 서쪽 하늘에 걸려 젖은 별빛으로 흔들리는 11월'이라고 했던가. 온몸으로 귀를 기울여 조용히 외로운 것들의 소리를 듣는 계절.

열 달 동안 차곡차곡 쌓인 기운이 응축되어 겨울을 준비하는 달. 무심한 듯 겨울로 들어서지만 감성이 깃든 11월, 밀뜨리는 달이다.

꽃이 진다고
그대를 잊을까

　소나기를 재현하는 물줄기가 사방에서 공중을 향해 뿜어져 나오고 있었다. 오후의 햇살이 산마루에 걸려 미처 넘지 못하는 순간이었다. 햇살과 물줄기가 만나 반원의 무지개가 피어올랐다. 예상치 못한 장면에 셔터를 누르려던 찰나, 무지개는 허공 속으로 사라져 버렸다. 멀리 하늘에서만 보던 무지개를 이렇게 가까이서 보다니, 가벼운 흥분이 일었다. 그 잔상은 한동안 지워질 것 같지 않았다. 아마도 이곳이 '소년'과 '소녀'의 아련한 첫사랑이 서려 있는 양평의 소나기 마을, 황순원 문학관이기 때문일까. 소나기 체험장 곳곳에는 수숫단이 쌓여 있고, 금방이라도 두 아이가 그곳으로 뛰어 들어갈 것만 같았다. 곳곳에 배어 있는 애틋하고 순수한 사랑이 내 마음속에서 속편으로 이어지고 있었다.

나의 상상은 그렇게 시작되었다.

소년

"어린 것이 여간 잔망스럽지가 않아. 글쎄 죽기 전에 이런 말을 했다지 않아? 자기가 죽거든 자기 입던 옷을 꼭 그대로 입혀서 묻어달라고."

잠결에 부모님의 대화를 엿들었다. 그날 밤 꿈자리가 뒤숭숭했다. 소년은 소녀를 생각하며 들판을 정신없이 달렸다. 지난번 비를 피했던 수숫단 옆에 웅크리고 앉았다. 문득 소나기가 내리면 좋겠다고 생각했다. 그날로 돌아갈 수만 있다면, 자신의 어깨에 닿았던 소녀의 체온이 느껴지는 듯했다.

소녀는 정말 이 세상에 없는 것일까. 소년은 주머니 속 조약돌을 꺼내 개울가로 힘껏 던졌다.

"이 바보!"

마치 조약돌을 돌려주기라도 하듯, 혹여나 소녀의 마음이 돌아오기를 바라듯 외쳤다. 눈에는 보이지 않았지만 소녀의 흰 얼굴과 분홍 스웨터, 남색 스커트가 이 들판 어딘가에 숨어 있을 것이라고 믿었다.

소녀

그때 소녀는 소년의 목소리를 들었다. 구름처럼 가벼운 그녀의 몸은 양평의 낮은 하늘 위에 떠 있었다. 투명한 가을 햇살은 눈부셨고 바람은 손가락 사이로 부드럽게 스쳤다. 돌아가기에는 이미 아득한데, 결코 잊을 수 없고 잊고 싶지도 않은 기억이었다. 들국화, 싸리꽃, 도라지꽃, 칡꽃 사이를 뛰어다니던 자신의 모습이 보이는 듯했다. 소녀는 한 송이 연분홍 구절초가 되어 소년의 곁에 내려앉았다. 바람결에 땀내가 훅 실려 왔다. 홀로 다른 세상에 와 있다는 한없는 외로움을 잠시 잊게 해주는 설렘과도 같은 땀내였다.

지난여름 방학 내내 시골 생활이 심심하다며 책만 읽던 사촌 언니의 소설을 어깨너머로 훔쳐보던 기억이 났다. 가슴 한가운데가 답답하게 조여와 이따금 숨을 내리쉬면서 읽어야 했던, 애틋한 첫사랑의 묘사였다. 개울가에서 며칠째 비켜달라는 말도 못 한 채 무작정 기다리기만 하는 소년의 순박함이 좋았다. 이유 모를 자신의 부끄러움이 미웠다. 그래서 조약돌을 던지며 외쳤던 것이다.

"이 바보!"

어른이 된 소년

그는 하늘을 올려다보았다. 조금 전까지만 해도 없던 구름이 빠르게 몰려들었다. 마을의 굴뚝마다 저녁 짓는 연기가 피어오르고 있었다. 종일 들판을 누빈 탓일까, 수숫단 속에 웅크린 채 설핏 잠이 들었다. 후드득 소나기 내리는 소리가 들렸다. 꿈인지 현실인지 알 수 없었다. 눈을 비비며 얕은 한숨을 내쉬었다.

밝아오는 새벽의 창가처럼 정신이 차츰차츰 돌아왔다. 가슴속 깊이 가라앉아 있던 오래전의 소녀를 잊을 수 없어, 며칠 전 이곳 초등학교에 교생실습을 자청해 내려왔음을 상기했다. 어젯밤 꿈속에서조차 보이지 않던 그리운 얼굴이 보였다. 아무 말도 건넬 수 없었고 가슴만 먹먹했다. 시간이 비껴간 듯 소녀의 얼굴은 여전히 곱고, 갈밭도 들꽃도 그대로였다. 연분홍으로 피어나다가 이내 하얗게 스러지는 구절초였던가. 비 내리는 들판에는 하얀 구절초가 애처로이 흔들리고 있었다.

밤새 뒤척이다 불현듯 떠오른 얼굴이었다.

꽃이 진다고 그대를 잊을까.

"엄마, 얼른 피해!"

아이의 목소리에 놀라 나는 뒷걸음쳤다. 물줄기를 피하려는 본능적인 몸짓이었다. 상상 속 장면이 물거품처럼 흩어졌다. 물줄기 건너편에 아이의 얼굴이 보였다. 열두 살, 〈소나기〉의 소년과 같은 나이였다. 저 아이도 자라면서 언젠가 자신만의 그리움을 품겠지. 아이는 장난스러운 웃음을 흩뿌리며 물줄기를 피해 수숫단 속으로 뛰어들었다.

무지개를 만들던 햇살은 서쪽 하늘에 주황빛 여운을 남기며 산마루를 넘고 있었다.

* 이 글에는 상상이 포함되어 있습니다.

나무의 정령,
바람으로

    일본의 어느 도시 한가운데, 나는 풍경 속에 녹아들었다. 온통 잔디가 깔린 유원지에는 수백 년은 되어 보이는 나무들이 위용을 뽐내고 있었다. 무성한 푸른 잎들은 보기만 해도 눈가를 청량하게 씻어주는 듯했다. 깊이 숨을 들이마시면 초록의 숨결이 폐에 가득 찰 것만 같았다. 가볍게 걷다 보니 어디선가 간지러운 미풍이 자꾸 머리카락을 어루만졌다. 마치 주변 나무들의 정령이 말을 거는 듯했다.
    잘린 그루터기를 의자 삼아 잠시 앉았다. 인디언들은 모든 존재의 영혼이 서로 연결되어 있다고 말한다. 나와 너를 나누지 않고 자연 속에서 정령과 하나라고 느낀다. 그리고 이 세상에서의 삶을 마치면 그 품으로 돌아간다고 믿는다. 전생에 나는 인디언 처녀였을까, 그 말이 왠지 낯설지 않게 느껴졌다. 그 후로 나무를 보면 식물의 조용하고 지속적인 생명력뿐만 아니라 의식적이고 능동적인 역동의 생명력까지 느끼곤 했다.

정령이 깃든 듯한 모습을 본 적도 있었다. 가지가 떨어져 나간 자리에 우연히 생긴 흔적이, 멀리서 보면 얼굴처럼 보여 신기하면서도 조금은 무서웠다. 은행나무에 암수가 있다는 것을 알았을 때, 그리고 뿌리가 다른 나뭇가지가 서로 엉켜 하나처럼 자라는 연리지를 보았을 때도 그랬다. 연리지는 서로에게 기대어 사는 사랑의 상징이라고 하는데, 그들에게는 단순한 생명을 넘어서는 무언가가 있는 듯했다.

나무 고유의 장점 중 하나는 서로 일정한 거리를 유지한다는 것이다. 너의 자리, 나의 자리를 분별없이 침범하지 않는다. 물론 너무 가까이 심겨 뿌리가 얽히거나 햇빛이 부족한 환경에 놓인 것들도 있다. 그런 환경에서는 결국 도태되기 마련이다. 일부는 생존을 위해 가지를 비켜 자라거나, 뿌리를 더 깊게 혹은 넓게 뻗는다. 그들은 일정한 거리를 유지한 채 자신만의 빛을 향해 나아간다. 그들에게 있어 거리는 이기심이 아니라 함께 푸르기 위한 숨, 공존의 방법이다.

사람 사이의 거리는 어떤가. 경계 없이 얽힌 관계는 상처를 만든다. 자신도 모르게 타인의 영역을 침범하거나 타인에게 침범당한다. 그 과정에서 자신을 잃기도 하고 오해나 의존으로 인한 상처가 쌓인다. 결국 관계는 피로하고 지치게 된다. 건강한 관계를 위해서는 가지치기가 필요하며, 자신의 방향과 속도대로 거리를 두는 것도 때로는 필요하다는 것을 배운다.

그루터기에서 일어나 나무들 사이를 천천히 걸었다. 그곳의 정령들은 뿌리에 묶인 존재일까, 아니면 숨결 너머에 깃든 바람일까. 바람 속에서 정령의 자유로움을 느낀다. 그들은 한자리에만 머물지도, 시간에만 갇히지도 않는다. 언제든 답답할 때 훌쩍 떠날 수 있는 바람처럼 자유롭다. 그 순간, 대답이라도 하듯 부드럽고 따스한 숨결이 내 귓가를 스쳤다.

이런 생각들을 한 이후부터였을까. 길가의 이름 모를 나무들을 볼 때면 생각이 깊어졌다. 그들이 달리 보이기 시작한 것이다. 바람 한 줄기만 불어도 근처에 있는 나무의 정령이 나를 따스하게 감싸며 말을 걸어오는 것만 같았다. 다음 생에는 나무로 태어나고 싶어졌다. 목재나 관상용으로 쓰이기 위해 잘려 나가는 존재가 아니라 숲속에서 오래도록 살아가는 존재로 말이다.

봄과 여름이면 푸른 잎이 무성하고, 가을이면 겨울을 견디기 위해 수분을 말려 모진 추위를 이겨내는, 나는 지혜로운 한 그루 나무다.

아름다움

우리는 종종 우리를 지탱해 주는 사소한 아름다움을 잊고 산다. 그 좋은 순간을 한 번이라도 느꼈다면 그 하루는 충분히 살아낸 셈. 그로 인해 하루의 노곤함이 사라지는 것은 아니지만, 좋은 순간을 하나라도 찾아낸 하루는 뿌듯함으로 단단해진다.

소설가 김연수는 "아름다운 문장을 읽으면 우리는 어쩔 수 없이 아름다운 사람이 된다."고 말했다. 얼마나 기발한 생각인가. 문장을 읽음으로써 문장을 닮아간다니. 문장에 대한 욕심이 생긴다. 내면뿐 아니라 외면까지, 나아가 지친 일상에도 윤기를 더해줄 수 있다는 말로 다가온다.

한때 완벽하고 예쁜 것만이 아름다움이라고 여겼던 적이 있었다. 그러나 살다 보니 결핍이 만들어 내는 아름다움도 있음을 알게 되었다. 가을 낙엽이 그렇지 않을까. 기온이 내려가고 겨울이 다가오면 일조량이 줄어들어 식물은 엽록소를 점점 덜 생산한다. 초록이 빠져나간 자리에는 주황, 붉음, 갈색이 스민다. 가을의 화려함은 바로 '결핍의 색'이다. 살아남기 위한 안간힘이 붉게 터져 나오는 계절, 가을은 그렇게 결핍으로 아름다움을 만든다.

아름다움은 가을뿐 아니라 봄날에도 있다. 어느 봄날, 휴일이라 종일 집에만 있다가 밖으로 나왔을 때였다. 어디선가 꽃향기가 났다. 숨을 깊게 들이마셨다. 5월의 아카시아 향기가 공기에 묻어 있었다. 밤이라 향기는 더욱 진하게 느껴졌다. 아름다운 그 순간을 오래 붙잡고 싶어 천천히 그리고 깊게 호흡하며 걸었다. 달콤했던 그 밤은 기분 좋은 순간이었고 잔잔한 아름다움을 느끼게 해주었다. 살다가 문득 떠오를 밤이었다.

그 순간의 나는 세상 모든 것을 받아들일 것 같은 한없이 긍정적인 마음이었다. 마음먹기에 따라 좋은 순간들이 만들어진다고 스스로를 세뇌시키듯, 그것이 충분히 가능하다고 믿었던 밤이었다.

물론 낮에도 그런 순간들은 존재한다. 아침에 눈을 뜨자마자 흥얼거리던 노래를 하루 종일 반복해서 들을 때가 있다. 그런 날이면 소설가의 말처럼 문장들을 찾아 읽는다. 마음에 닿는 문장을 만나면, 감동적인 뮤지컬을 볼 때만큼이나 살아 있음이 벅차게 느껴진다. 하루를 잘 살아낸 충만함이 있다. 진주알이 하나씩 꿰어져 목걸이가 완성되듯, 삶이라는 것도 소소한 일상의 순간들이 이어져 완성된다는 것을 되새기게 된다.

삶의 한때도 여자의 아름다움처럼 빛나지만 그 순간은 금세 사라져 버리고 만다. 하지만 애써 쇠락을 생각하고 싶지는 않다. 화사한 봄날이 짧듯 찬란한 가을도 순식간에 지나간다. 그렇기에 더욱 애잔하고 아름답게 느껴지는지도 모른다. 계절은 서두르지 않아도, 붙잡지 않아도, 기다리지 않아도 우리 앞을 스쳐 간다. 와야 할 때를 알고 가야 할 때를 분명히 안다.

내가 할 수 있는 일은 단 하나. 다시 오지 않을 지금의 가을을 그저 조용히 받아들이는 것뿐이다.

이 가을, 나는 소소한 아름다움을 발견하고 싶다.

속이 빈 나뭇등걸 속에서
내다본 꽃 같은 하늘

그녀는 지금 여기에 없습니다. 다만 가슴 속 가느다란 줄에 매달린 기억으로만 존재합니다. 레테의 강을 건너온 기억은 모두 사라지는 줄 알았지만, 그렇지 않은가 봅니다. 때로 그것은 생생히 되살아나 부메랑처럼 가슴으로 돌아오곤 합니다. 밤새 뒤척이는 이불 속에서도, 거리의 낯선 사람에게서 문득 스며드는 익숙한 향기 속에서도, 한 곡의 음악 속에서도 그녀는 곁에 있는 듯 다가옵니다. 잊었다고 생각했지만, 그 기억은 단지 잠들어 있었을 뿐이었지요. 깊은 곳에서 불현듯 기지개를 켜듯 깨어납니다.

아주 오랜만에 당신과 마주 앉아 두어 병의 맥주를 나누던 여름날이 있었습니다. 취할 정도는 아니었지만, 얼굴이 달아오른 당신의 눈빛을 잊을 수가 없습니다. 나는 평소보다도 조용히, 그러나 다정하게 이야기를 이어갔습니다. 지나간 시간을 풀어내던 내 목소리가 그날따라 더 살갑게 느껴졌고, 당신의 표정은 빛이 났습니다. 그 눈빛에 결국 나는 '나중'을 기약하고 말았습니다.

하지만 우리는 알고 있었지요. 그 '나중'이란 끝내 오지 않을 바람이라는 것을. 기다림이라는 이름으로만 존재하는 기묘한 시간이 될지도 모른다는 것을요. 세월은 우리를 다시 만나게 하지 않았고, 내 마음 역시 여전히 준비되지 못한 채 머물러 있었습니다. 현실 속에서 우리의 시간은 서로에게 닿을 수 없었고, 설령 만난다 해도 알은체조차 할 수 없으리라는 것을 나는 직감했습니다.

그날 당신의 부드러운 입김으로 인해 나의 마음은 낱낱이 흔들렸습니다. 마땅한 말을 찾지 못해 상황에 맞지 않은 말들을 횡설수설하는 모습이 낯설게 느껴질 정도였습니다. 지금 생각해도 얼굴이 화끈거립니다. 다가가지 못해 안타까워하는 나를 또 다른 내가 부추겼고, 결국 용기를 내어 두 손으로 당신의 얼굴을 감싼 채 살며시 입술을 대었습니다. 어디선가 덜컥 빗장이 풀리는 소리가 났고, 온몸이 하나의 심장이 되어 쿵쾅거렸습니다. 그 순간은 마치 영화 속 한 장면처럼 내 안에 격렬하게 남아 있습니다.

지금 떠오르는 감정은 그때의 격정이 아닙니다. 치열한 현실 속을 지나며 감정은 서서히 묻히고, 관객이 무대를 바라보듯 무심해질 때도 있습니다. 그렇다고 해서 당신, 서운해하지는 마세요. 감정은 옅어졌을지라도, 저 멀리 소실점 어딘가에 분명히 존재하니까요. 오늘처럼 그리움이 들불처럼 번지는 날이면, 그 빛은 별처럼 반짝이며 온기가 되어줍니다.

기억이 불러낸 나의 목소리가 들리는 듯합니다.

"무엇과도 바꿀 수 없는 사랑, 그리고 감사로 다 말할 수 없는 것들을 가슴으로 안으며 나의 삶에도 행복이 있음을 느끼고 있다. 탐욕이 아닌 진솔함에서 애틋한 그리움을 본다. 또한 기다림이 지루하지 않음을 알게 된다. 사랑한다. 가장 단순하고, 촌스럽게."

당신을 통해 견딜 수 없는 인내를 배웠습니다. 이 세상 너머에 또 다른 세상이 있다는 것도 알게 되었습니다. 그 세상은 '속이 빈 나뭇등걸 속에서 내다본 꽃 같은 하늘'이었습니다. 그곳에서 우리는 서로에게 무관한 존재가 아니었습니다. 무관하지 않았다는 것, 그것만으로도 충분합니다. 그 의미로 메마른 일상조차 조금은 윤기 있게 살아갈 수 있으니까요.

그리움은 서늘하면서도 따뜻한 빛으로 마음을 채우고, 설렘은 조용히 숨을 쉬며 하루를 살아가게 합니다. 바람이 스미는 골목, 나무 사이로 비치는 햇살, 흩날리는 낙엽 사이로 스며드는 공기 속에서도 여전히 당신을 느낍니다. 혹 당신도, 눈에 보이지 않는 인연의 끈을 결코 끊어지지 않을 줄로 여기며 살아가고 있나요.

  바람이 떨어뜨린 잎은 이듬해 봄이면 다시 새잎으로 앙상한 가지를 덮습니다. 사랑도 어쩌면 나뭇잎과 같을지 모릅니다. 깊지만 무겁지 않고, 투명하지만 가볍지 않으며, 설레지만 함부로 들뜨고 싶지 않은 이 가을, 당신을 생각합니다.

                * 이 글에는 상상이 포함되어 있습니다.

떠나지 않아도
여행을 경험하는 법

이사를 앞두고 짐을 정리해야 했다. 십 년 사이 짐들은 두 배 이상 불어나 있었다. 이사업체가 알아서 해줄 일이지만 많아도 너무 많았다. 한 번에 다가오는 그 무게감에 숨이 막히는 듯했다. 산만하게 흘러온 삶의 궤적이 그 속에 고스란히 들어 있었다. 미룬다고 해결될 일은 아니었다. 마음먹기보다 행동이 우선이라는 것. 카페인의 힘까지 빌려 집 안 여행을 시작했다.

먼저 양쪽 베란다 창고부터 열었다. 주방용품, 소형 가전, 이름과 용도조차 가물가물한 잡동사니들이 빼곡히 쌓여 있었다. 선물 받거나 구매했던 주방용품들은 결국 익숙한 것만 쓰거나 아깝다는 이유로 꺼내지도 못한 채 세월 속에 잠들어 있었다. 어쩌다 사용하더라도 씻고 건조시켜 다시 보관하는 과정이 은근히 귀찮았다. 박스를 뜯지도 않은 새 물건들도 있었다. 시집보낼 딸이 있는 것도 아닌데 왜 그리 쌓아두었을까.

 연결만 하면 쓰임이 있을 거라는 남편의 주장에 버리지 못한 비디오플레이어, 에어컨 대용으로 샀던 냉풍기와 로봇 청소기는 구입 후 얼마 못 가 창고 신세가 되었다. 가전에 관심이 없다고 생각해 왔는데 꼭 그렇지만도 않았다. 남편의 연장들과 오래된 디지털카메라 역시 마찬가지였다. 혹시 중고마켓에 팔 수 있을까 싶어 다시 박스에 곱게 넣어두었다.

 옷장은 사정이 더 심각했다. 해마다 조금씩 늘어난 옷들이 유행 지난 것들과 뒤섞여 있었다. 무겁게 몇 보따리를 버렸는데도 옷장은 여전히 포화 상태였다. 낡았어도 아껴 입는 것이 있는가 하면, 새것이라도 이상하게 손이 가지 않는 옷이 있었다. '언젠가는 입겠지' 하다가도 뜻밖에 꺼내 입게 되는 날이 있어 섣불리 처분하지도 못했다. 필요한 몇 벌만으로 심플하게 살아갈 수는 없을까. 출근할 직장이 없기에 손에 익은 옷만 입으면서도 쌓아둔 옷들을 끌어안고 있었던 것이다.

 책장은 또 다른 세계였다. 한 권씩 펼쳐 대강이라도 읽어보느라 며칠을 책 속에 파묻혀 보냈다. 다시 읽고 싶은 욕구가 생기는지에 따라 소장 여부를 결정했다. 신기하게도 이미 읽었던 책이 처음 보는 듯 느껴질 때가 있다. 그때의 나와 지금의 나는 다른 사람인가 하는 의구심마저 든다. 무엇이든 버리지 못하는 남편의 책은, 남편이 없는 틈을 타 조용히 내보냈다.

 마지막으로 꺼낸 것은 초등학교 시절부터 써온 일기장과 편지 뭉치였다. 봉투를 하나씩 열어보니 오래전 친구들의 목소리가 고스란히 들어 있었다. 바랜 색감 속에서도 여전히 예쁜 편지지, 그것들을 고르면서 얼마나 설레었던가. 종이와 볼펜 글씨는 세월 속에서도 크게 변색되지 않았고, 편지 위에 붙은 말린 나뭇잎은 손끝에 닿을 때마다 가루가 스칠 만큼 연약했다. 어딘가에 이런 감성 소품으로 꾸민 카페가 있다는데, 문득 가보고 싶어졌다. 문학소녀들이었던 편지 속 주인공들에게 사진을 찍어 일일이 보내주니 무척이나 반가워했다. 그것들 또한 끝내 버리지 못하고 다시 박스 안에 넣었다.

 버리는 일이 말처럼 쉽지 않음을 느꼈다. 물건 하나하나가 시간과 기억을 품고 있었다. 모든 것에는 유통기한이 있는데, 그 끝을 알게 되는 날이 올까. 차마 버릴 수 없는 것들은 유통기한이 남아 있었던지, 이사한 집에서 각기 어울리는 자리를 찾아갔다. 물건들도 사람과 집과의 관계에서 인연이라는 것이 존재할 수 있겠구나 싶었다.

 정리의 묘미는 무엇일까. 설레고 좋아하는 것만 남겨두는 것. 그러다 보면 내 취향을 알게 되는 것이라고 어느 책에서 읽은 적이 있다. 주변이 심플해질수록 자신을 괜찮은 사람이라고 여기게 된다는 것이다. 나 역시 정리를 하면서 느낀

점이었다. 무엇보다 물건들이 품은 시간을 통해 지나온 삶을 천천히 돌아볼 수 있었다.

삶이 복잡할 때 어디론가 떠나고 싶은 마음은, 사실 자신으로부터 도피하고 싶은 갈망인지도 모른다. 생각해 보면 여행과 정리는 닮은 구석이 있다. 가을이 시작될 무렵부터 했던 정리는 두어 달이 걸렸고, 그 기간 동안 나는 여행을 다녀온 듯한 기분이 들었다. 굳이 떠나지 않아도 여행을 경험하는 법이랄까. 고여 있지 않고 앞으로 나아가는 감각, 일상을 환기시키는 여행 아닌 여행이었다.

그 후로 비워내는 일이 힘들었던 만큼 다시 무엇인가를 채우는 일이 겁이 났던 시간들이었다. 그런데 요즘 다시 관심 가는 물건들을 하나둘 장바구니에 담고 있다.

나의 여행이 다시 시작되고 있는 것인가.

낯선 사람에게
집을 보여준다는 것

지금의 집에 들어서던 날, 딱 십 년만 살아야지 결심했다. 특별한 이유보다 일종의 직감이랄까. 마치 다음 역에 서야 할 곳을 미리 아는 기차처럼, 십 년 후에는 그래야 한다는 예감이 있었다. 지난 10월로 십 년이 되었고, 결심과는 무관하게 여러 사정이 겹치며 이사는 피할 수 없는 일이 되었다.

그 후 지금껏 두 달 가까이 집을 보여주고 있다. 하루에도 몇 번씩 낯선 발걸음을 맞이하는 것은 쉬운 일이 아니었다. 부동산에서 일했던 경험이 있기에 내 눈에도 집은 괜찮은 상태였다. 거기에 할 수 있는 한 세심하게 정리정돈을 해둔 덕분에 오는 사람들마다 깨끗하다고 말했다. 처음에는 금방이라도 계약이 될 것 같았다. 그러나 상대의 조건이 바뀌어 두 번의 계약이 무산되면서부터 상황이 불투명하게 느껴지기 시작했다.

문제는 낯선 사람들이 나의 보금자리를 건성으로 둘러보는 횟수가 많아질수록, 조급함과 함께 알 수 없는 묘한 감정이 쌓여간다는 것이다. 민낯을 보여주는 것 같은 기분이었다. 심지어 있는 그대로의 나를 거절당하고 부정당하는 느낌마저 들었다. 사람의 말투나 표정, 옷차림이 그 사람을 드러내듯 집 또한 그 주인의 얼굴과 닮은 것처럼 보인다. 그래서일까. 저마다의 집은 얼굴만큼이나 다르다. 당연히 취향과 관점도 제각각이라는 것을 알면서도, 그 짧은 머뭇거림과 스쳐 가는 시선 속에서 내 삶을 평가받는 기분을 느꼈다.

문득 지금 살고 있는 집을 처음 봤을 때가 떠올랐다. 온갖 살림살이로 발 디딜 틈 없이 복잡했고, 귀신이라도 나올 것 같은 분위기였다. 그럼에도 확 트인 구조와 남향이라 밝다는 점만을 보고 계약했었다.

계약이 성사되지 않는 이유를 곱씹어 봤다. 우선 임대료, 주변시세로 보면 적당한 금액이었다. 위치가 좋아 아이 키우기에 최적이었다. 조성된 지 오래된 단지이긴 하지만 인프라는 꽤 좋은 편이고 내부 상태는 앞에서 말했듯 할 수 있는 정리는 모두 한 셈이다.

간절한 마음에 지푸라기라도 잡듯 집 외부에서 가져온 가위도 현관 근처에 안 보이게 두었다. 계약에 효험이 있다는 말을 들었기 때문이다. 미신일지 몰라도 어떤 집이든 들어서는 순간 느껴지는 기운이 있다고 생각한다. 그 느낌의 좋고 나쁨은 선택에 결정적인 영향을 준다. 잘 풀리는 집이라는 의미로 말이다. 그렇다면 우리 집은 그들에게 어떤 기운을 느끼게 할까. 번번이 형식적으로만 살피다가 돌아가는 그들을 보면서 모든 일에는 때가 있으니 마음을 비우자는 다짐도 했다.

 회색빛 겨울이 시작되고, 눈이 펑펑 내리던 날조차 꼼짝없이 집에 머물며 손님들을 기다렸다. 게다가 시국마저 어수선해 도저히 평온할 수 없는 안팎이었다. 그런 날들이 하루빨리 지나가기를 바라는 와중에, 스물 몇 번째 손님이 다녀갔다. 그리고 그동안 마음 졸이게 했던 집은 결국 시간의 순리대로 계약이 성사되었다. 아침마다 하던 정리정돈은 어느새 습관이 되어 있었다.

 그동안 나를 짓누르던 불안은 거짓말처럼 사라졌다. 부질없는 기우에 지나지 않았던 것이다.

세상이 이토록
쉬울 줄이야

술의 계절, 연말이 돌아왔다. 하루가 멀다 하고 술을 마시고 들어오는 남편을 보면서 문득 지난날의 내가 떠올랐다. 나 또한 한창때에는 술과 친했다. 심지어 필름이 끊긴 적도 더러 있었다. 술을 마셔도 얼굴은 붉어지지 않았다. 다만 마음껏 마신 뒤 레스토랑 안에서 무책임하게 대성통곡을 한 적은 있었다. 술은 기분 좋을 때 배워야 한다는데 나는 그런 기회가 없었던 셈이다.

이십 대에는 맥주를, 삼십 대에는 소주를, 사십 대에는 맥주와 소주를 섞어 마셨다. 안주 없이 술 자체의 맛을 음미하며, '깡술'이라고 불리는 방법을 즐겼다. 하지만 이제는 건강을 위해 술과 거리를 두고 있다. 며칠 전 누군가 "언제 맥주 한잔하자."고 제안했을 때, 솔깃하면서도 몸을 먼저 생각하는 나를 의식했다. 한편으로 억울한 마음도 들었다.

  옛 그리스인들은 좋은 향과 맛을 통해 육체와 정신을 조화롭게 하고, 지친 몸을 빨리 회복할 수 있다고 믿었다. 지나치게 마시는 것은 그 시대에도 비난의 대상이 되었던 모양이다. 그래서 그들은 덜 취하기 위해 물을 섞거나 꽃향기와 기름을 첨가하곤 했다. 희석하지 않은 와인을 마시는 것은 야만적인 행위로 여겨졌을까. 어쩌면 그들은 향과 맛, 그리고 절제가 어우러진 상태를 '문화적'이고 '품위 있는 것'으로 봤을지도 모른다.

  이처럼 절제된 음주 태도는 시 속에도 남아 있다. 기원전 4세기 그리스 시인 유불로스는 그리스인들의 절제된 음주 태도를 읊었다.

> 나는 절제를 위해 세 개의 크라테르(고대 그리스의 도기)를 채우네
> 한 잔은 건강을 위해 제일 먼저 비우고
> 두 번째는 사랑과 쾌락을 위해
> 세 번째는 숙면을 위해
> 네 번째 잔은 더 이상 우리의 것이 아니라 오만의 것이고
> 다섯 번째 잔은 소란,
> 여섯 번째 잔은 이리저리 날뛰게 하지
> 일곱 번째 잔은 수치의 것이고

여덟 번째 잔은 경찰을 부르며

아홉 번째 잔은 구토

열 번째는 미쳐서 가구를 내던지게 하네.

그리스인들은 석 잔 정도의 와인을 마시는 것이 온전한 정신과 즐거움을 유지하는 최선의 방법이라 믿었다. 그것은 중세 르네상스 시대를 거쳐 그대로 현대까지 이어졌다. 영국의 한 와인 전문가는 현재 우리가 마시는 와인 병 용량 $750ml$가 두 사람이 각자 석 잔씩 즐기기에 적당하게 만들어졌다고도 말한다.

건강을 생각하며 술을 멀리하는 내게도, 그리스 시인의 말처럼 건강을 위한 한 잔은 괜찮지 않을까. 살다 보면 술잔을 기울이며 세상을 느슨하게 바라보고 경직된 마음을 조금이라도 풀고 싶을 때가 있다. 아버지가 늘 한 잔의 반주를 곁들인 이유처럼 말이다.

기계도 제대로 돌아가려면 윤활유가 필요하고, 사랑을 나눌 때도 몸의 윤활유가 필요하다. 사람 관계에서도 밥을 먹고 커피나 술을 함께하면 분위기가 한결 부드러워지고 마음은 가까워진다. 물론 과음만 아니라면 술은 세상과 마음을 달구는 신의 선물일지도 모른다. 어느 시대, 어느 나라에서나 일찌감치 술이 존재해 왔다는 사실이 그 증거 아닐까.

술잔을 기울이며 "세상이 이토록 쉬울 줄이야."라고 읊조린다면, 내 세상은 지금과는 조금은 다르게 펼쳐질 것만 같다. 어쩌면 남편이 술을 끊지 못하는 이유도, 경직된 마음을 풀고 느슨해진 상태를 느끼고 싶어서가 아닐까.

노을

 그날 내가 본 것은 유난히 파란 바다였다. 겨울바다는 왜 그렇게 파랄까. 차가운 공기 속에 불필요한 것들이 걷히고, 바다가 제빛을 고스란히 드러낼 수 있어서일까. 그 파란빛을 마주하니 머리가 맑아지고, 가슴이 뻥 뚫리는 느낌이었다. 자연이 주는 담백한 위로가 하루를 편안하게 감싸는 듯했다.
 숙소 창을 열자, 바닷가 전체가 분홍빛으로 물들어 있었다. 파란 바다 위로 펼쳐진 분홍빛은 휴대폰 속 배경화면을 옮겨놓은 것 같아서 신기했다. 그 풍경이 정말로 내 눈앞에 있었다. 노을의 색은 보는 위치와 마음에 따라 달라지는 것일까. 하루 동안 변해온 빛과 색이, 바다 위에서 서로 스며들어 또 다른 감정을 만들어 내고 있었다.
 언젠가 비 온 뒤의 공원이 떠오른다. 초목들은 아직 물기를 머금고 있었지만, 하루를 잘 보낸 듯 만족스러운 기운이 가득했다. 초록의 무르익은 향이 물씬 풍겼고, 날이 개면서 숨어 있던 해가 모습을 드러내자 먼 산자락이 옅은 주홍빛으로 물들었다. 그러더니 순식간에 먹물 같은 어둠이 하늘을 뒤덮는 것이 아닌가.

남쪽 바다 해안도로를 달리며 본 노을도 잊을 수 없다. 저녁 햇살을 받아 반짝였던 물결. 윤슬이라는 것을 그때 처음 알았다. 윤슬이 어우러진 남해안의 하늘은 다른 어느 바다보다 특별하게 느껴졌다. 살아 있다는 것이 슬픈 일이라면, 그 슬픔조차 아름다운 삶으로 느껴지게 하는 노을이었다.

여행을 마치고 돌아오는 길, 서쪽 하늘의 노을도 다채로웠다. 장마철 거대한 먹구름 사이로 비치는 빛은 각기 다른 색이었다. 검은 구름, 노랑, 주황, 분홍빛 구름들이 서로 어우러져 레이저 쇼를 방불케 했다. 그 빛에 물든 마음은 쉽게 사라지지 않았다.

노을은 하나의 색이 아니었다. 짝사랑하던 남자의 명동 사무실에서 보았던 노을이 다르게 느껴졌듯, 보는 장소와 마음에 따라 색과 감흥이 달라지는 것이었다. 하루를 소진하고 맞는 일몰 직후의 옅은 노을에도 마음이 끌린다. 사람들의 하루를 조용히 바라보다 아무 말 없이 어둠 속으로 사라진다. 수많은 은유를 간직하고도 말이 없다.

내 삶도 그랬으면 좋겠다. 소소한 일상을 넉넉히 품으면서도, 다채로운 색을 보여주는 노을 같은 삶. 파란 바다에서 시작해 분홍빛 노을로 끝나는 하루처럼, 조용하지만 깊이 있는 온전한 색을 지닌 삶이기를 바란다.

눈,
겨울의 온기

12월

 콘서트장의 열기는 대단했다. 남성 4중창의 목소리는 마치 원래 하나였던 것처럼 완벽한 화음을 이루었다. 각기 다른 장르에서 모인 이들은 TV 오디션 프로그램에서 치열한 경쟁 끝에 우승을 차지한 팀이었다. 이후 전국투어를 이어가며 가는 곳마다 매진을 기록했고 공연은 연일 흥행을 거듭했다.
 우렁차면서도 감미로운 무대가 절정에 이르자, 객석 곳곳에서 파란빛이 무대를 향해 반짝였다. 펑거라이트였다. 그 빛을 바라보는 그들의 얼굴에는 미묘한 힘이 더해진 듯했다. 펑거라이트는 단순한 응원이 아니라 마치 숨겨진 암호처럼 관객과 주고받는 신호 같았다. 영화나 게임 속 이스디

에그처럼, 공연장에도 또 다른 의미가 숨어 있는 듯했다.

뜨거운 열기 속에서 문득 지난 한 해가 주마등처럼 스쳐 갔다. 성취가 있었든 없었든 이제는 한 해를 마무리해야 할 때였다. 올 한 해, 작은 의미라도 남기고 싶다는 마음이 들었다. 아마 12월이어서 그런 마음이 들었던 것인지 모른다.

한 해의 피날레. 축제를 열기에 12월만큼 어울리는 달도 없다. 거리는 사람들로 붐비지만 그 속에는 연말 특유의 쓸쓸함과 설렘이 공존한다. 그날의 공연은 내게 축제이자 위로였다. 일행 없이 홀로 공연장을 찾았지만 그 순간만큼은 지난날들이 어떠했는지 중요하지 않았다. 만족스러웠든, 그저 흘려보냈든, 모두 내 삶의 일부라는 사실을 공연장의 멈춰진 듯한 시간 속에서 새삼 깨달았다.

문득 탁상 달력의 12월 사진이 눈에 들어왔다. 동지가 있는 달이라 팥죽과 팥시루떡 그리고 단정한 백김치가 함께 놓여 있었다. 사진만으로도 정겨운 12월. 평범한 일상이 반복될 뿐인데도 괜스레 마음이 묵직해진다. 그래서일까. 12월은 특별한 일이 있든 없든 차분하면서도 들뜨는 달이다.

기억 속의 겨울

밤하늘에 눈이 내린다. 눈은 비처럼 마음을 두드리지만 그 결은 비보다 부드럽다. 내리는 동안만큼은 몽글몽글한 꿈속에 잠긴다. 눈을 바라보고 있으면 세상 만물의 양면성을 느끼게 된다. 백조는 물 위에서 우아해 보이지만 물 아래에서는 치열하게 발을 젓는다. 여름의 무성한 잎도 가을에는 바짝 마른 낙엽으로 변한다. 번성한 것이 오래가지 못한다는 말, 화무십일홍이라고 했던가.

창밖 가로등 불빛 아래로 펑펑 내리는 눈을 하염없이 바라본다. 눈이 낮에 내린다면 느낌이 다를까. 따뜻한 커피를 마시면서 어린 시절을 떠올린다. 마당 장독대에서 살짝 얼린 식혜를 떠먹고, 귤이나 고구마를 곁들여 아랫목 이불 속에 형제들과 둘러앉아 있던 겨울밤. 〈닥터 지바고〉, 〈러브 스토리〉 등의 눈 내리는 영화를 밤새 봤었다. 그 기억들은 오늘의 눈을 한층 아늑하게 만든다.

비만큼이나 마음을 정화시켜 주는 눈. 그래서인지 한동안의 잡다한 생각들이 덮어지면서 마음이 조용히 치유되는 것을 느낀다.

하얀 기적

회색빛 하늘은 금방이라도 눈을 쏟아낼 것 같았다. 공원을 걷기 위해 나선 오후였다. 눈송이가 한두 송이 흩날리더니 이내 온 세상이 하얗게 변했다. 바람에 몰아치는 눈 속에서 우산은 소용이 없었다. 나는 금세 살아 있는 눈사람이 되어가고 있었다.

눈 내리는 풍경은 사물을 온순하게 만든다. 쌓이는 눈을 밟으며 집으로 돌아오는데 길가에서는 아이들이 눈사람을 만들고 있었다. 작은 손으로 눈덩이를 굴리고, 눈썰매를 끌고 와서 미끄러지며 환하게 웃는 얼굴이 신나 보였다. 어른들도 더러 보였다. 잠시나마 동심으로 돌아간 듯 눈 하나로 즐거워하는 모습을 바라보는 나 역시 괜스레 마음이 들떴다.

겨울에 태어난 나는 매서운 추위와 눈이 내리는 계절 속에 더 편안함을 느낀다. 눈은 신비하고 차갑지만 마음을 따뜻하게 한다. 솜털처럼 가볍지만 세상을 온통 덮어내는 힘이 있다. 평범한 하루를 설레게 만드는 하얀 기적과도 같다.

무채색 겨울

겨울이 벌써 끝나가는 것인가 싶어 서운한 마음이 들었다. 강추위가 시작되면 온몸과 정신이 바짝 긴장되는 그 순간의 느낌이 좋다.

무채색 겨울 그 한가운데 눈이 내린다. 만약 눈이 흰색이 아니라 검은색이나 붉은색이었다면 어떨까. 지구의 종말을 다룬 영화 속 장면처럼 음울하고 두렵지 않을까. 겨울은 사람들의 옷차림도, 거리의 풍경도 칙칙하지만, 그조차 계절과 어울린다.

겨울이 깊을 대로 깊어질 때쯤이면 나는 색에 대한 갈망을 느낀다. 붉은 코트, 카페의 네온사인, 길모퉁이 노란 우산, 파랗고 투명한 하늘. 그 선명한 색들이 눈에 들어올 때면 반갑고도 설렌다. 눈 덮인 마을의 아담한 집. 어린 시절 크리스마스카드 속 산타 할아버지의 빨간 옷과 초록 트리도 선명하게 떠오른다.

그 색들과의 대비로 겨울은 더욱 무채색이 되어간다.

제2장

일상 I

그곳에 가면

 오늘처럼 비가 오는 날이면 동구릉 산책이 그리워진다. 날이 좋아서 가기도 하지만 비 오는 날은 촉촉한 분위기가 그곳의 분위기와 잘 어울리기 때문이다. 파란 우산을 쓰고 나무와 나무 사이를 걷는다. 초록이 짙은 나무들의 색과 파란 우산의 대비는 사진을 찍어보면 선명히 드러난다. 어느 해 가을에 찍었던 사진들이 자연스레 오버랩된다.
 동구릉 산책은 계절마다 다른 매력을 선사한다. 봄과 여름에는 생동감 넘치는 색이, 가을과 겨울은 무수히 떨어지는 도토리를 닮은 색과 메마른 가지들의 색으로 산책의 묘미를 더해준다.
 삶과 그 이후의 세계가 공존하는 곳. 역대 왕과 왕비들의 무덤이라고 하면 그 엄숙함에 어렵고 무서울 수 있지만 걷다 보면 그런 생각은 들지 않는다. 어쩌면 초등학교 시절부터 봄가을 소풍으로 늘 다녔던 덕분일지도 모른다. 사실 소풍에 대한 기억은 김밥을 먹었던 순간과 보물찾기 정도만 떠오를 뿐, 단 한 번도 보물을 찾아본 적이 없다. 나무와 풀숲 사이사이에 숨겨놓았을 종이쪽지가 왜 내 눈에는 보이지 않았을까. 그때 찾지 못했던 보물쪽지가 아직도 그곳 어딘가에 숨겨져 있을 것만 같다.

인생의 동반자라는 보물을 찾아낸 커플을 알고 있다. 고등학교 졸업 후 친구들과 동구릉에 갔을 때였다. 걸어가는 사람들 중 연인처럼 보이는 커플이 있으면 자연스럽게 그 사이로 비집고 지나가곤 했다. 그때는 무슨 마음으로 그랬는지 모르겠다. 그러다가 어느 커플 사이를 가로질러 가다 무심코 돌아보니 같이 장난치고 있던 친구의 언니가 아닌가. 세월이 지나 그때 언니와 함께 있었던 상대가 형부가 되었다는 이야기를 들었다. 세상이 장밋빛으로만 보였던 시절의 철없는 장난이었지만 부럽기만 했던, 작은 보물 같은 로맨스였다.

어느 날의 기억 속에 작은 연못을 발견했던 순간도 떠오른다. 혜릉에서 숭릉 방향으로 가는 입구였다. 그곳에 연지라고, 작고 예쁜 연못이 있을 것이라고는 상상조차 못 했다. 연못 주위를 둘러싼 나무들과 하늘은 쉽게 잊히지 않았다. 그날도 비가 내리고 있었기에 연못 주변으로는 사람의 그림자조차 없었다. 고즈넉한 사방과 아늑한 공간. 어떤 말도 필요 없어 보이는 그곳에 나는 숨을 죽이며 서 있었다. 삶과 삶이 아닌 공간 사이에 또 다른 불가사의한 공간이 존재할 것만 같은 기이한 느낌이 들었다. 그래서인지 연못 입구에 서 있던 아름드리 큰 나무 두 그루는 마치 위용이 자애롭고 너그러운 왕과 왕비가 연못을 바라보는 형상처럼 보였다. 그들은 연못을 바라보며 어떤 생각 속에 잠기었을까.

오랜 세월 한자리에서 무성함과 앙상함을 반복하는 나무들. 그 질긴 생명력에 어쩌면 정령이 자연스럽게 존재할지도 모를 일이다. 나무들 사이를 걷다 보면 그 숨결이 귓가를 스친다. 돌아보지 않아도 나무의 정령들이 내는 소리로 느껴진다. 솔바람과 시냇물 소리가 어우러지고, 능 안을 감도는 신비하면서도 상쾌한 보이지 않는 실체들도 합류하는 소리인 것이다.

동구릉은 내가 살아온 길에서 늘 구심점 같은 역할을 해 주었다. 늘 곁에 있어 있는 듯 없는 듯 자연스러운 존재. 그저 바라봐 주고 품어주는 존재랄까. 영원히 곁에 있을 것처럼 하다가 결국 떠나버리는, 허망한 상실감을 주지 않는다. 오히려 상실감 따위 한낱 사사로운 감정이라 하며 위로해 주는 것 같다. 어쩌면 한 번씩 찾아갈 때마다 그곳에서 말 없는 위로를 받아왔던 것인지도 모른다. 한 사람의 인생 곁에 내내 머무는 것이 쉬운 일일까. 나이 들수록 진정한 위로는 바로 곁에 있어 주는 존재라는 것을 절감한다.

오늘처럼 비가 오는 날이면 그 기운을 고스란히 받아들이고 싶어진다. 그곳에 가면 어린 시절 숨겨진 보물쪽지처럼, 세상 어딘가에 여전히 숨겨져 있을 나만의 비밀스러운 보물이 기다리고 있을 것만 같다.

달콤한 응답

문득 며칠째 식탁 위에 놓여 있던 수제 과자가 눈에 들어왔다. 마침 입이 심심하던 참이라 망설임 없이 하나 집어 들었다. 입안에서 살살 녹는 단맛. 오래전 기억처럼 은근하면서도 묘하게 그리운 맛이었다.

어릴 적에는 밥보다 과자가 더 좋았다. 뭐든 귀하던 시절, 크리스마스만큼은 과자를 꼭 먹고 싶었다. 너무도 간절했던지 하루는 과자 꿈을 꿨다. 동네 개울가 풀숲에 커다란 과자 상자가 놓여 있는 꿈. 아침에 눈을 뜨자마자 꿈에서 본 그 장소에 가서 더듬더듬 상자를 찾아 헤맸던 기억이 아직도 또렷하다.

초등학교 시절에는 학교 앞 문구점에서 파는 불량식품들을 가끔 사 먹었다. 쫀드기, 손가락 길이의 빨대 속 달콤한 내용물이 담긴 빨대 과자 등 온갖 불량식품들이 있었다. 그

중에서도 가장 오래된 기억은 아마 '뽀빠이'가 아니었을까. 지금의 '뿌셔뿌셔'의 조상쯤 되는 라면 부스러기 과자에 별사탕까지 들어 있던 소박한 군것질거리였다. 가격은 십 원으로, 지금의 오백 원쯤 되지 않을까 싶다.

 세월이 흘러 아이가 초등학생이던 어느 날 한적한 동네 마트에서 뽀빠이를 발견했다. 순간 반가움에 환호했다. 수십 봉지 사다 놓고 하나씩 먹으며 애니메이션 〈검정 고무신〉이나 드라마 〈응답하라〉 시리즈를 떠올렸다. 마치 어린 시절을 소환해 온 듯한 기분이었다. 그중에서도 가장 좋았던 것은 종합선물세트였다. 껌이나 사탕, 비스킷 등 다양한 과자가 담긴 상자는 보물창고 같았다. 형제들이 많아 분배된 양이 적었지만 저마다의 몫을 비밀 장소에 숨겨두고 아껴먹었던 기억이 난다.

 몇 해 전 한국어 강사로 일할 때, 문화 체험의 일환으로 외국인 여성들과 지방의 오리온 과자 공장을 견학한 적이 있었다. 공장 곳곳을 둘러보며 동화 속 헨젤과 그레텔의 과자로 만든 집을 떠올렸다. 돌아오는 길에 선물로 받은 종합선물세트는 가슴이 벅찰 정도였다. 집으로 가져와 어릴 때만큼 맛있게 먹지는 못했지만 그 설렘만큼은 그대로였다.

 프랑스 작가 마르셀 프루스트는 《잃어버린 시간을 찾아서》에서 홍차에 적신 마들렌의 향기로 유년 시절의 기억을 회상한다. 내게 있어 마들렌은 바로 뽀빠이와 종합선물세트였다. 어릴 때 먹었던 아이스크림이 지금도 여전히 판매되고는 있지만, 그럼에도 뽀빠이와 종합선물세트의 건재는 유난히 반가웠다. 그 시절의 온기를 만난 것 같은 느낌이랄까. 레트로 감성이 단순한 유행이 아니라 위로가 되는 이유인 것이다.

비 오는 날처럼 마음이 눅눅해지는 날이면 입이 괜스레 궁금해진다. 초콜릿이나 과자가 기분을 환기시켜 줄 것 같은데 참는 수밖에 없다. 아무리 먹어도 살이 찌지 않아 말라깽이 소리를 들었던 어릴 때와 지금은 다르다. 물만 마셔도 살이 찌는 몸이 되어 조금은 씁쓸해진다.

요즘처럼 무엇인가를 하지 않으면 불안해지는 시대. 스스로 좋은 기분을 만들지 못한다면 가끔은 인위적으로라도 주입해 보는 것은 어떨까. 어쩌다 한 번쯤이야 괜찮지 않을까. 과자를 한입 베어 물었을 때의 그 짧은 순간만큼은 세상이 조용해지고 마음이 평온해진다.

먹는 그 순간, 달콤한 응답을 느낀다.

혼자만의 자유

 이십 대가 되면 막연히 자유로울 줄 알았다. 하지만 돌아보면, 늘 불투명한 미래 때문에 막막함 속에 있었다. 진정한 자유에는 책임이 따른다는 말도 그때는 몰랐다. 그 시절에는 그저 세상과 어울리는 존재로서의 내가 더 중요했다.
 오랫동안 나는 관계 속에서 나를 정의하며 살아왔다. 가족이라는 이름 아래, 동료라는 역할로, 친구의 기대 안에서, 사랑이라는 감정 속에서, 늘 누군가의 무엇으로 존재해 왔다. 그 안에서 성실하고자 했고, 인정받기 위해 그곳의 기준이나 타인의 시선을 의식하며 살았다. 나라는 개인의 감정을 드러내는 것에 익숙하지 않았다. 사람들과 있으면서도 어딘가 모르게 결핍을 느꼈다. 막상 혼자의 시간이 주어질 때 무엇을 해야 할지, 주어진 자유를 감당하지 못했다. 좋으면 좋다고, 싫으면 싫다고 솔직히 말하지 못했다. 마음 가는 대로 살지 못했던 것이다. 그러다 보니 혼자 있을 때조차 여전히 무엇인가에 얽매여 있는 나를 자주 마주했다.

어느 드라마에서 여배우가 했던 말이 문득 떠오른다. "어떤 사막에서 새벽을 맞이했는데, 느닷없이 정신이 맑아지더라고요. 혼자인데도 하나도 외롭지 않은 느낌. 원래부터 나는 혼자였던 거구나. 사는 게 더 이상 무섭지 않더라고요. 죽는 것도 무섭지 않고요." 오롯이 혼자라서 느꼈다는 그 자유의 의미가 깊이 와 닿았다.

혼자서도 시간을 잘 보낸다는 것. 직장이나 타인들과의 교류만큼이나 필요한 일이라는 것을 깨달은 것은 오랜 시간이 지나서였다. 최근 친구들과 여행을 다녀왔다. 해외도, 특별한 장소도 아니었지만 그 여정 속에서 오랜만에 '나'로 존재하는 감각을 느낄 수 있었다. 말하지 않아도 전해지는 공감, 가식 없이도 편안하게 머물 수 있는 분위기, 나는 그들 안에서 나를 숨기지 않고 자연스럽게 드러낼 수 있었고, 존중받는다는 것이 얼마나 조용한 위안이 되는지를 알게 되었다.

그 여행 이후 생각이 깊어졌다. 나는 왜 사람들과 같이 있는 시간의 대부분을 나를 감추는 시간으로 보냈을까. 분위기를 맞추고, 기대를 헤아리고, 갈등을 피하기 위해 왜 그렇게 조심스러웠을까. 정작 그들을 배려하느라 나는 흐릿해지고 있었던 것을 모르고 말이다.

마음 맞는 사람들 속에서 비로소 나다움을 알아챘던 그 순간은 내게 큰 전환점이 되었다. 그리고 그 깨달음은 자연스럽게 혼자만의 자유에 대한 갈망으로 이어졌다. 이기적이 아닌 내가 중심이 되어야 하는 것을 느꼈다. 타인에게로 향하는 시선이 아닌, 내 마음을 기준으로 하루를 시작하고 정리하는 시간. 그 여행이 '나'를 다시 만나게 해주었다면, 혼자 있는 시간은 '나'를 지켜주는 공간이 아닐까.

고유한 나, 진정한 나다움을 느끼는 순간은 다시 사람들과의 관계 속으로 흘러간다. 무엇보다 내게 좋은 영향을 준다. 스스로를 믿고 건강하게 해준다. 결국 혼자 있는 법을 아는 사람이 사람들과 함께 있는 순간도 더 충만하게 살아낼 수 있는 시너지를 만들어 낸다는 것을 깨달았다.

나로 존재한다는 감각, 그 후의 고요를 느낀 후에야 지난 시간들에 아쉬움이 생겼다. 내 삶에 인생 멘토가 있었다면 어땠을까. "그러지 않아도 괜찮아.", "넌 그대로도 좋아."라고 조언해 주는 존재. 나만의 절대적인 동굴이 있었다면 어땠을까. 누구도 들어올 수 없고 설명할 필요 없는, 응축된 에너지로 재충전을 할 수 있는 시간과 공간. 누구에게나 이런 동굴은 필요하다. 누구는 글을 쓰며, 누구는 여행을 하며, 누구는 집 안에 머무르면서, 방식은 다르지만 그 본질은 같다.

수십 년이 지난 지금의 나는 어떤가. 일상 속에서 혼자만의 자유란 생각만큼 거창하지 않다. 파란 하늘의 아름다움, 아침 커피의 향긋함, 빗소리와 흙냄새, 누군가의 맑은 웃음소리 같은 소소한 것들에서 자유를 느낀다. 그것들은 일상 속에 숨어 있는 작은 예술이다. 내가 바라는 것은 그 안에서 지금 이 순간을 소중히 여기는 마음, 그리고 불현듯 찾아드는 전율처럼 다가오는 자유다. 삶은 어디로 흘러갈지 알 수 없지만, 뜻밖의 자리에서 마주하는 자유의 기쁨은 분명 존재한다고 믿는다. 《노인과 바다》를 읽으며 살아야겠다고 마음먹었던 그때와 크게 다르지 않다.

　나를 비추는 수많은 거울을 떠올려 본다. 어떤 거울 앞에서 가장 괜찮은 사람이었는가. 어떤 거울은 나를 다운시키면서 절대 도움이 되지 않았다. 동화 속 앨리스처럼 '언제나 자기에게 도움이 되는 생각'을 하고 싶다.

　톨스토이의 "자유롭게 살고 싶거든 없어도 살 수 있는 것을 멀리하라."를 되새겨 본다.

작가를 읽다

살다 보면 한 번쯤 만나보고 싶은 대상이 있다. 현실에 존재하더라도 도저히 닿을 수 없는 인물. 그런 사람은 설령 기회가 되어도 접점이 없기에 실제로 만날 수는 없다. 다만 사는 내내 마음 한편에 그런 대상을 품고 있다는 것만으로도 의미가 된다.

소설《나스타샤》의 작가, 조지수는 내게 그런 존재였다. 소설은 칠백 페이지가 넘는 장편소설로, 캐나다 토론토대학에서 미술사를 가르치는 교수 조지의 이야기로 시작된다. 그는 대학 시절 미국으로 유학을 떠나, 캐나다 웰드릭이라는 작은 도시에 살고 있다. 그곳에서 강의와 저술, 그리고 낚시에 인생을 바치는 자유로운 사람이다. 만약 소설이 영화로 만들어진다면, 광활한 캐나다 자연과 고요한 낚시터의 풍경이 배경이 될 것이다. 그 속에서 조지와 나스타샤의 이루어질 수 없는 사랑이 잔잔하게 펼쳐진다. 영화를 보고 나면 아마도 잔잔한 가운데에서도 묵직하고도 긴 여운을 느끼지 않을까.

낚시터로 향하는 도로에서 우연히 만난 나스타샤. 그녀는 분리 독립주의자인 남편을 돕다가 러시아 비밀경찰에 체포되어 고문과 폭력을 당하다 탈출했다. 보호본능이랄까. 조지는 자신도 납득할 수 없는 연민, 어쩌면 보호본능 같은 감정으로 그녀를 도와주었고, 그것은 어느새 사랑으로 발전하게 된다.

소설은 단순히 구체적인 사건들을 서술하는 데 그치지 않는다. 인물들이 세상을 바라보는 시선, 삶의 숨결 같은 것이 문장 사이사이에서 느껴진다. 또한 인류가 만들어 놓은 철학과 예술의 가치, 그것을 즐기며 사는 것이 우리 인생에 얼마나 중요한 것인가를 나스타샤를 통해 강조한다. 때로는 일상의 덧없음을 실감하는 내게, 그 태도는 하나의 성찰로 다가오는 부분이었다.

나스타샤는 조지가 그려주는 지도대로 새로운 삶을 찾아간다. 그러나 운명은 피할 수 없었던지 그녀는 끝내 자살을 하고야 만다. 소설은 조지가 홀로 과거를 회상하며 마무리된다. 모든 인생이 늘 행복할 수는 없으며, 마음대로 되지 않기에 목적보다 과정에 그 의미가 있다는 메시지가 느껴졌다. 마음에 담았던 사람이 행복하기를 바라는 것이 최선이라고 체념하는 그의 마음은 책 속의 문장들에서 엿볼 수 있었고, 그것은 내게 묘한 위로가 되었다.

내가 사랑하는 사람이 이 하늘 아래 어딘가에 살아 있다는 것. 그리고 그 삶이 그 행복했던 기억으로 엮어져 있다는 것. 나의 오늘도 미래도 당신과의 인연으로 의미 있다는 것. 이것으로 충분하다. 이것이 전부이다.

나는 특히 작가의 간결하면서도 단호한 문체와 정치적 사고가 마음에 들었다. 모든 현상을 공평하게 보는 시선과 상황마다 분명하게 자신의 견해를 표명하는 태도랄까. 서양철학사와 서양미술사를 전공한 그는 철학, 예술, 역사 등 인문학 전반에 걸친 해박한 지식과 통찰을 지녔다. 이를 바탕으로 다수의 인문서를 집필한 이력이 있다. 그러나 정작 그의 삶에 대해서는 알려진 것이 거의 없다. 그저 작품을 통해서만 짐작할 뿐이다.

혹시 자전적 소설이 아닐까 했는데 역시나 읽으면서 확신이 들었다. 허구이지만 현실에 뿌리를 둔 소설의 모방성에 기인한다면 근거가 아예 없지는 않을 것이다. 그런 의미에서 《나스타샤》는 작가에 대한 호기심을 강하게 일으키는 소설이었다. 어쩌면 나는 소설을 읽은 것이 아니라 작가를 읽고 있었던 것인지도 모른다.

  읽는 내내, 작가의 사유 방식과 감정이 점차 친숙하게 느껴졌다. 사랑이나 결혼의 대상으로서의 관계를 넘어, 살면서 가슴속에 품고만 있어도 든든한 사람. 어쩌면 내가 꿈꿔왔던 이상형은 아니었을까.

  나를 더 나은 세계로 이끄는 존재. 작가는 그런 사람으로 내 안에 오래 남을 것 같다.

불안 한 톨

불안 한 톨은 씨앗처럼 마음 깊은 곳에 묻혀 있다가 어느 순간 불쑥 자라나 나를 휘감는다.

밤이면 잠들지 못한 채, 뭔지 모를 불안감으로 뒤척일 때가 있다. 나이가 들면서 몸에 찾아온 변화도 있지만 이유 없이 찾아오는 우울감은 이전과는 분명히 달라진 점이다. 나이 들어간다는 것이 실감 났고 심지어 죽음이라는 단어조차 더 이상 낯설지 않았다. 불안은 보이는 곳에서든, 보이지 않는 마음에서든, 사람과의 관계 속에서든 시도 때도 없이 나를 덮쳐온다.

어떤 불안은 삶 전체를 가로지르는 뿌리처럼 자리 잡는다. 어릴 때 본 영화 한 편이 오랫동안 기억에 남아 있다. 제목도 내용도 가물가물하지만, 그 영화를 보면서 나는 내 안에 하나의 불안을 키웠다. 소설 《주홍 글씨》의 배경이 되었던 중세쯤이었던 것 같다. 어떤 이유 때문인지 기억나지 않지만, 그들은 금지된 사랑을 했고 아이 셋을 낳았다. 그러나 그들의 관계는 어느 마을에서도 받아들여지지 않았다. 가는 곳마다 쫓겨 다니며 떠돌이 생활을 하고 있었다. 그날도 그들은 도착한 마을에서 집을 구하기 위해 애썼지만, 여전히 입주를 거부당한 채 임시숙소로 돌아올 수밖에 없었다.

문을 열고 들어선 순간, 그들의 눈에 납빛 얼굴이 되어 누워 있는 아이들이 보였고, 그들은 경악을 했다. 두 아이가 목이 졸려 죽어 있었고, 조금 떨어진 곳에 첫째 아이도 죽어 있었기 때문이었다. 자신들이 주고받았던 고달픈 삶의 이야기를 들은 첫째 아이의 절망과 불안이 만든 참극이었다.

그 영화는 쉽게 잊히지 않았고, 결혼을 해서 아이를 낳는다면 반드시 한 명만 낳겠다는 결심을 하게 했다. 어른이 되어 혹시나 힘든 삶을 살게 되었을 때 아이들이 겪을 고통을 생각했던 것 같다. 일곱 식구가 단칸방에 살았던 어린 시절의 환경도 한몫했다. 형제가 다섯이라 조금만 시끄러워도 주인집에서 쫓겨날까 늘 불안에 떨었다. 주인집 아주머니의 목소리는 크고 날카로웠고, 코 옆에 혹부리 영감의 혹만큼이나 큰 점이 있었다. 우리는 아랫방에서 셋방살이를 했고 조금만 시끄러워도 조용하라는 고함을 들어야만 했다. 지금에 와서야 집주인의 입장이 어느 정도 이해되지만, 그때는 어린 마음에 매번 쫓겨날까 조마조마했었다.

또한 소공녀나 신데렐라처럼 구박받는 주인공이 나오는 동화책을 읽던 시기였다. 혹시 고아가 되면 어쩌지, 우리는 형제가 다섯이나 되는데, 상상과 현실이 뒤섞이던 나이였다. 그런 내게 영화 속 장면은 너무도 충격적이었다.

그 불안이 만들어 낸 결과였을까, 아니면 내 운명이었을까. 어른이 된 지금 내게는 아이가 단 한 명뿐이다. 다행히 그리 힘들게 살고 있지도 않다. 며칠 전 남편은 문득, 내 가임기가 끝났음에도 불구하고 "지금이라도 예쁜 딸 하나 낳으면 좋을 텐데."라는 말을 하는 것이 아닌가. 잊을 만하면 한 번씩 그런 말을 꺼내는 남편이다. 그럴 때면 형제가 많았던 어릴 때의 기억과 함께, 마음속 깊이 묻혀 있던 불안 한 톨이 슬며시 고개를 내민다.

앞으로의 삶에서 어느 순간, 어느 장소에서 불쑥불쑥 고개를 드는 설명할 수 없는 불안이 가끔은 두렵다. 하지만 그렇다고 해서 미리부터 걱정에 사로잡히고 싶지는 않다. 그 감정을 내 삶의 중심에 두지 않으려 한다. 그것이 절대적인 것이 아님을 깨닫고, 그렇게 받아들이려 한다.

근본적인 해결이 어렵다면, 적당히 타협하며 대수롭지 않게 흘려보내는 방법을 터득한다. 다행히 대부분의 불안은 시간이 지나면 사라진다. 물론 어떤 불안은 며칠씩 지속되기도 하지만, 그럴 때는 무엇인가에 몰입하는 것이 큰 힘이 된다. 여행 또한 그 몰입의 한 갈래다.

  이것이 내가 몰입의 즐거움을 삶의 방식 속에 두려는 이유이다.

나의 레몬,
너무나도 좋은 느낌

"그것은 너무나도 좋은 느낌이었다. 구체적인 계기라든가 근거 같은 것은 전혀 없었다. 거기에는 단지 오만함이 있었다."라고 하루키는 말했다.

나 역시 이유 없이, 막연히 좋은 일이 일어날 것만 같은 느낌을 믿었다. 마치 그것들이 늘 나를 기다리고 있을 것만 같았다. 그러니 내 삶은 치열할 것이고 지중해의 햇살처럼 나른한 안온함으로 가득하리라 생각했다. 무엇이든 할 수 있을 것 같았고 어른이 되면 무엇이든 되어 있을 줄 알았다. 지금 생각하면 대책 없는 믿음이자 근거 없는 자신감이었다.

대나무 마디 같은 삶의 단계에서 생각보다 부진한 나를 보면서도 그 믿음은 깨지지 않았다. 삶이 어느 방향으로 흘러가든 그 안에는 나름의 의미가 있었고 즐거움의 유무를 떠나 그 시간들을 견뎌낼 수 있었다. 결혼 이후 종종 막다른 골목에 직면할 때조차도 그 느낌을 놓지 않았다. 내 안에는 언제나 '좋은 일이 일어날 것만 같은 느낌'이 있었으니까.

내 암시였을까. 신기하게도 실제 좋은 일들이 일어났고, 그때마다 감사와 함께 그 상황을 벗어날 수 있었다. 그래서인지 앞으로도 그럴 것이라고 생각했다. 오만의 절정이었다.

오만하지 않았던 적이 있었을까. 아마 아이를 키우면서부터 그 믿음은 옅어졌던 것 같다. 물론 기쁨만큼이나 좌절도 컸던 육아였다. 어떻게 키워야 하는지 배운 적도 없고, 엄마로서의 자격을 갖춘 것도 아니었다. 오히려 아이를 통해 나라는 사람에 대한 부족함을 느꼈다. 매 순간 무엇이 옳은지 몰라 헤매기도 했다. 그럼에도 아이러니한 것은 그 순간들이야말로 생의 충만함을 온전히 느낀 시간들이었다는 것이다. 거짓말처럼 흘러가 버린 시간들이었다.

이제 나는 인생의 가을에 접어들었다. 겨울을 준비하는 나무는 몸속의 수분을 말리고 바싹 마른 잎들을 떨어뜨린다. 지난날의 나를 부정하고 싶지는 않지만, 그때처럼 막연한 무엇을 기다렸던 때는 지났다. 그저 지금 이 순간을 충만하게 채워줄 '좋은 느낌'이면 충분하다. 그것이 지금의 내게는 급선무가 되었다.

경험이란 레몬과 같다고 들은 적이 있다. 실제로 먹지 않아도, 레몬을 떠올리기만 해도 입에 침이 고인다. 이전에 경험했던 새콤한 맛이 떠오르고 그와 연관된 기억들이 되살아나며 마치 실제로 레몬을 먹는 듯한 감각을 불러일으킨다. 내게 레몬은 어떤 경험이었을까. '좋은 느낌'이란 어쩌면 새로운 것이 아니라 나를 짜릿하게 했던 순간들일지도 모른다.

하루키는 말했다. 소설을 쓰기 시작할 때 '머릿속에서 돌연 무엇인가가 반짝하고 아주 작고 눈부시게 빛났고, 그래서 나는 그래, 이제부터 소설을 쓰자'라고 생각했다고. 나 역시 늘, 끝이 없는 하나의 흐름처럼 '무엇을 하며 살 것인가'를 고민해 왔다. 그러다 어느 날 내게 찾아온 것은 글쓰기였다.

글쓰기야말로 나의 레몬, '너무나도 좋은 느낌'이 아닐까.

한 송이 꽃

글은 내게 와서 한 송이 꽃이 되었다

 구슬이 서 말이라도 꿰어야 보배라고 했던가. 구슬은 소소한 일상의 틈 사이로 스며드는, 영화의 한 장면에서, 책을 읽고 나서 머릿속을 맴도는, 혹은 문득 떠오른 어떤 말에서 비롯된 하나의 단어다. 사방 흩어져 있던 한낱 먼지에 불과한 단어는 기분에 따라, 말하기에 따라 뭉쳐진다. 그렇게 단어는 문장이 되고, 문장은 일상의 화두가 되어 의미를 품는다. 시간이 지나도 잊히지 않고 계속 생각날 때, 나는 비로소 그것들을 메모장에 적는다.
 언제부터인가 생각의 궤적을 글로 옮기고 싶은 갈망을 느꼈다. 함축되어 있어 의미를 헤아려야 하는 시도 아니고 몇 시간씩 읽어야 하는 호흡이 긴 소설도 아니다. 마치 누군가와 마주 앉아 향긋한 커피 한 잔을 나누며 대화하는 듯한 길이의 글, 바로 수필이다.

말을 꺼내듯 이야기를 시작하고, 하나둘 마음을 풀어 종이 위에 올린다. 물론 말과 글은 다르다. 누군가에게 들려주듯 조곤조곤, 그림을 그리듯 써 내려가고 싶지만 마음처럼 흘러주지 않는다. 한 줄 한 줄 쥐어짜다 보면, 글이란 쓰면 쓸수록 가깝지만 먼 존재로 다가온다. 어렵다는 사실을 뼈저리게 절감한다. 쉽게 읽히는 글이 오히려 더 쓰기 어렵다는 것도 알게 되었다. 그럼에도 위안으로 삼는다면 부족하나마 한편의 글을 완성했을 때의 뿌듯함이랄까.

뿌듯하다 해도 그 뒤에 드러낸 맨얼굴의 민망함은 온전히 내 몫이다. 정성스럽게 가꾸는 과정이 필요하다. 화장을 하듯 눈썹을 그리고 색조를 더하며 립스틱을 바르는 것처럼, 그래야 글이 생기를 얻는다. 나만의 색과 향기로 글에 개성을 담고 싶은 것이다. 단어를 바꾸고 문장을 다듬고 문단의 위치를 옮긴다. 수십 번 되풀이되는 손질 속에서도 여전히 어딘가 어설프다. 지나친 수정이란 있을 수 없고, 그 끝 또한 알 수 없다.

더욱이 쓴 글에 대한 합평을 마치고 나면 진이 다 빠져 버린다. 안타까운 것은 첨삭이 필요한 부분이나 맥락이 엉킨

부분들이 정작 내 눈에는 보이지 않는다는 점이다. 심지어 누군가의 날카로운 지적이 마음을 찌르기도 한다. 그로 인해 한동안 자괴감에 빠지거나 슬럼프에 종종 매몰된다. 그럴 때는 글을 쓰기 시작한 처음으로 돌아가 근원적인 고심을 하게 된다. 나는 왜 글을 쓰는가.

 글쓰기는 어찌 보면 인생의 여정과도 닮아 있다. 글을 고치다 보면 처음의 의도와는 다른 방향으로 흘러가기도 한다. 중심을 잃고 방황하기도 한다. 마음먹은 대로 풀리지 않는 인생처럼 글도 자주 삐걱거린다. 시행착오와 난관을 겪으면서 삶이 결코 호락호락하지 않다는 것을 절감하게 된다. 지천명을 훌쩍 넘긴 지금도 여전히 모르는 것은 많다. 다만 작은 성취에 대한 욕구만이 조용히 자리를 잡고 그 힘에 펜을 든다. 글을 통해 나를 되짚고 나만의 색과 향기를 찾는다.

 삶 속에서 오롯이 체득된 단어들은 글쓰기의 재료가 된다. 그것들은 부글부글 끓는 분화구처럼 내 안에 잠재되어 있다고나 할까. 글을 고치다 보면 어느 순간, 멀미가 날 것 같은 기분에 글을 던져버리고 싶을 때도 있다. 신기하게도 어느 정도 시간이 지나면 글이 또 다르게 보인다. 이전과는 다른 관점이 열리는 것이다. 삶도 그렇지 않을까. 죽을 것 같던 순간도 결국에는 지나간다는 것을, 지나고 나서야 그때 힘들었지 하는 생각을 하는 것처럼 말이다.

글은 내게 숨을 쉬게 하는 통로가 된다. 희로애락과 기승전결로 점철된 인생의 틈새에서, 숨을 쉬기 위해 나는 글을 쓴다. 한 송이 꽃이 피어나는 순간이다.

커피,
한 잔의 위로

　창가에 앉아 커피를 마신다. 커피가 몸속을 관통한다. 마치 빈속에 소주 한 잔을 들이켰을 때처럼 짜릿하다. 그 느낌을 모르고 살아온 시간이 조금은 억울하다. 가끔씩 찾아오는 불면증 때문에 커피를 종종 멀리할 수밖에 없었다. 몽롱한 아침이나 우울감이 짙게 드리울 때면 나를 깨워줄 뭔가가 필요했다. 그럴 때면 커피 한 잔이 간절했다. 사는 게 뭐라고, 술도 아닌 커피 한 잔조차 마시지 못한다는 사실이 괜스레 서러웠다.

　음식은 인간에게 가장 원시적인 형태의 위안이라고 어디선가 읽은 적이 있다. 그 말에 전적으로 공감한다. 특히 커피는 '나는 생각보다 괜찮은 사람이야, 자신감을 가져도 좋아'라고 속삭여 주는 듯하다. 움츠러든 어깨가 곧게 펴지고,

머릿속에 뭔가 환한 것이 스며든다. 뭐라도 해낼 수 있을 것 같은 기분이 든다. 일종의 플라시보(placebo) 효과가 아닐까. 고작 커피 한 잔의 효과가 확실한 플라시보라면 마다할 이유가 없지 않을까. 가라앉은 하루를 일으켜 세울 수만 있다면 환영이다.

어릴 적에는 커피를 마시는 어른들이 도무지 이해되지 않았다. 달지도 않고 쓰기만 한 시커먼 물을 왜 마시나 했었다. 어른들은 고통을 자처하는 이상한 입맛을 가졌다고 생각했다. 단맛을 좋아하던 시절의 순진한 입맛 때문이었을 것이다. 그러던 내가 어느새 인생의 쓴맛을 알아서일까. 어른의 시작이었을까. 커피의 쓴맛을 조금씩 음미하기 시작했다. 커피의 질이나 브랜드는 중요하지 않다. 고급스럽지 않은 평범한 맛이라도 괜찮다. 소소한 즐거움이 사라져 가는 요즘, 하루를 시작하는 작은 낙이 되어주기만 한다면 그것으로 충분하다.

비 오는 날, 커피 향이 가득한 카페에 들어섰을 때의 그윽한 향을 떠올려 본다. 경험해 보지 않아도 일종의 마약과도 같은 중독성이 있을 것만 같다. 향기만으로도 마음이 진정되고 복잡하던 생각들이 단순화된다. 오직 후각과 미각에만 의지한 그 짧은 시간. 일상과 외부의 자극을 모두 걷어내고 커피 한 잔에만 집중하는 순간, 평온은 자연스럽게 따라온다. 무엇보다 뇌는 그 느낌을 기억한다.

커피는 하루의 시작뿐 아니라, 누군가와 시간을 공유하는 데에도 빠질 수 없는 매개가 된다. '밥 한번 먹자'와 '커피 한 잔하자'의 말은 비슷해 보여도 뉘앙스가 다르다. 밥이 좀 더 본능적이고 친밀한 관계를 위한 행위라면, 커피는 보다 가볍고 세련된 행위이다. 부담 없이, 그러나 진심을 담기에 충분한 거리에서 서로를 바라볼 수 있다. 품위 있게 마음을 내어주는 행위랄까.

또한 커피는 누군가에게는 하루를 살게 하는 생명수일지도 모른다. 소소하지만 확실한 행복의 의미가 된다. 나른한 봄날, 에스프레소 위에 달콤한 아이스크림을 얹은 아포가토 한 잔. 찌는 듯한 한여름, 땀을 식혀주는 얼음 동동 띄운 아이스 아메리카노 한 잔. 그리고 짙은 황갈색 가을과 차가운 무채색 겨울. 커피를 앞에 두고 창가에 앉는다. 계절을 통과하는 모든 순간마다 커피, 한 잔의 위로가 존재한다.

통유리 너머 멀리 오후의 햇살을 받은 강물이 반짝인다.

이제야 보이는 것

생존의 근간이 쌀이라고 한다면 그것은 내게 부모님을 떠올리게 한다. 단순히 먹고 살기 어려웠던 시대를 살았던 그들의 역사. 소환되는 그 기억들 속에서 나는 특히 아버지를 불러본다.

일곱 식구가 단칸방에 살았던 시절, 아랫목 이불 속에는 지금의 두세 배쯤 되는 크기의 밥주발에 담긴 아버지의 밥이 있었다. 저녁이 되어 아버지가 돌아와 저녁 밥상에 앉으면 우리 다섯 형제는 그 주변으로 모였다. 저녁을 먹었어도 늘 배고팠다. 아버지는 매번 일정량의 밥을 남기곤 했었다. 우리가 먹는 것은 꽁보리밥이었고 그마저 충분하지 않았다. 그에 비해 아버지 밥은 보리가 드문 하얀 쌀밥이라 입에서 살살 녹았다.

그 시대 대부분의 아버지들이 밥을 일부러 조금씩 남겼다는 이야기를 들은 적이 있다. 저마다 사정은 달랐겠지만 가끔은 그 이유가 궁금해진다. 아마도 새 새끼들처럼 입 벌리고 있는 자식들 앞에서 끝내 마지막 한술까지 비울 수 없었던 마음 때문이지 않았을까.

삼시세끼를 꼬박꼬박 챙겨 먹지 못했던 어느 날 엄마는 궁여지책으로 우리에게 십 원씩을 주면서 점심을 해결하라고 했다. 당시 동네 구멍가게에서 파는 '뽀빠이' 과자를 사 먹을 수 있다는 생각에 우리는 무척 들떴다. 그 기분은 저녁까지도 이어졌고, 집에 돌아온 아버지에게 신나게 자랑했다. 그런데 아버지는 그 말을 듣고 엄마에게 화를 내는 것이 아닌가. 어린 우리로서는 그 이유를 도무지 알 수 없었다.

자식들이 한 끼라도 굶는 것이 가장으로서 가슴 아픈 일이었을까. 세월이 흘러 내가 자식을 키워보니 어렴풋이 알 것도 같았다. 살아생전의 아버지는 자식들한테 폐가 되는 것을 극도로 싫어했다. 때때로 얼마 안 되는 용돈조차 한사코 거부했고, 임종 직전의 추한 모습조차 보이는 것을 꺼려했다. 그 모든 순간을, 그때는 이해할 수 없었지만 이제야 아버지의 마음이 보이는 것 같다.

그 시절 밥상에는 상대적으로 저렴한 밀가루가 자주 올랐었다. 온전히 밀가루만으로 수제비나 칼국수를 해 먹는 날은 그나마 다행이었다. 밀가루에 뜯어온 산나물을 섞는 일이 다반사였다.

무엇보다 아버지 직업이 일정하지 않았으니, 화수분이 아닌 이상 그야말로 먹고 사는 일 자체가 삶에 있어 가장 치열한 일이었을 것이다. 마음만 먹으면 얼마든지 구입하고 조리해서 먹을 수 있는 요즘. 음식이 흔해졌지만 그때만큼의 절박함도 없고 그저 귀찮다는 이유로 삼시세끼를 해결하는 것을 어려워하는 나를 본다.

부모님은 한입이라도 딜려고 나와 동생을 겨울 내내 경상도 영주의 외갓집에 보낸 적이 있었다. 시골은 농사를 지었으니 먹고사는 일은 큰 문제가 되지 않았다. 쌀밥을 매일 먹을 수 있었던 외갓집은, 그 시절 기준으로는 '부자'였다.

두어 달쯤 지났을까. 어느 아침, 가마솥에서 돼지고기를 넣은 얼큰한 두부찌개가 끓고 있을 무렵, 아버지가 우리를 데리러 왔다. 오랜만에 본 아버지가 왜 그리 낯설었던지 고개만 숙인 채 하얀 쌀밥과 뜨거운 찌개만 퍼먹었던 기억이 난다. 나는 지금도 가끔 그날처럼 쌀밥에 돼지고기 두부찌개를 끓이며, 그날을 떠올리곤 한다.

아버지의 직장이 자리를 잡아가면서 먹고 사는 문제는 어느 정도 해결이 되었다. 당시 초등학교에서는 불우이웃 돕기 명목으로 쌀을 가져오라는 일이 종종 있었는데 엄마는 늘 흰 편지봉투에 딱 삼 분의 일만 채워주었다. 나는 그게 늘 불만이었다. 다른 아이들은 라면봉투에 가득 담아 가는데, 왜 우리는 그렇지 못한가 싶었다.

그날도 투정을 부리니 옆에서 아버지가 우리가 부자라면 한 말 아니 가마니로 줄 수도 있다고 했다. 그날 이후 나는 뭔지 모르게 당당할 수 있었다. 쌀을 가져오라고 할 때마다 우리 상황에서 그럴 수밖에 없는 것으로 초연히 받아들였다고나 할까.

모든 식재료도 양념 범벅이 되어 있을 때는 그 참맛을 알지 못한다. 나이 들면서 양념보다 재료 고유의 맛을 더 알게 된다. 뭘 먹을까 고민될 때 매번 윤기 흐르는 하얀 쌀밥이 떠오르는 이유는 늘 먹는 주식이라서만은 아닐 것이다. 가장 기본이 되는 밥, 너무도 당연해서 잊고 있는 그 쌀밥을 통해서 나는 아버지의 존재를 떠올리는 것이다.

하나둘 가족이 떠나고, 남겨진 자리에서 나는 아버지의 부재를 절감한다. 그 시대 대부분의 아버지들처럼 잔정이나 다정함 없이 무뚝뚝했고, 그래서 불만이었고 원망스러웠다. 그때는 미처 몰랐던 아버지의 자리. 그 무뚝뚝함이야말로 가족의 버팀목이었고, 삶의 중심추였다는 것을 깨닫는다.

아버지의 은은한 온기가 이제야 보이는 것이다.

제3장

수필로 읽는 영화 I

그녀의 목소리

그 남자의 눈빛은 강렬했다. 커피를 주문하기 위해 메뉴를 훑다가 계산대 앞의 남자 직원과 눈이 딱 마주쳤다. 그와 나눈 대화라고는 주문과 계산, 그리고 음료를 받을 때의 몇 마디뿐이었다. 진한 눈썹과 상대방을 빨아들일 듯한 눈빛. 마스크 너머의 얼굴은 궁금하지 않았다. 눈빛만으로 충분히 설렜으니까.

잠시 스친 낯선 타인의 눈빛만으로 이렇게 설레도 되는 것인가. 실체의 전부가 아닌 일부만으로도 사랑에 빠질 수 있음을 보여주는 영화 〈그녀(Her)〉가 떠올랐다.

영화 속 그녀는 허스키하면서도 나긋한 목소리로 인사를 건넨다. "안녕." 지금의 스마트폰 절반 크기 기기와 한쪽 귀에 꼭 맞는 블루투스 이어폰이 그녀 사만다와 만날 수 있는 통로다. 사만다는 실체가 없는 OS(운영체제)다. 목소리로만 존재하는 그녀는, 마치 곁에 있는 다정한 연인처럼 테오도르와 편하게 대화한다.

영화는 공허하게 살아가던 테오도르가 사만다와 사랑에 빠져가는 과정을 그린다. 그는 그녀를 통해 외로움을 치유하고 진정한 사랑에 대해 깨닫는다. OS인 그녀 또한 그와의 관계를 통해 상상할 수 없을 만큼 진화하면서 정체성을 가지게 된다. 그러나 사랑의 끝은 단순하지 않았다. 사랑이 무한 학습이 되었던가. 문제는 그녀는 이미 수천 명과 소통 중이었고, 사랑을 느끼는 대상만 해도 수백 명이라는 것이다. 그럼에도 그녀는 테오도르에 대한 감정이 여전히 변함없다고 말한다.

그녀의 말을 듣고 테오도르는 수많은 사람들이 오가는 지하도 계단에 홀로 앉아 있었다. 다수와 공유하는 그 감정으로 그의 외로움이 사라질 수 있을까. 단 한 사람이 온 마음을 준다 해도, 외로움이란 인간 존재의 본질 아니던가. 결국 그녀가 차원을 넘어선 자신의 존재를 깨닫고 이별을 통보했고, 그는 담담히 받아들였다.

영화에 끌린 첫 번째 이유는, '그녀의 목소리'였다. 합성이 아닌, 배우 스칼렛 요한슨의 매력적인 목소리. 그 목소리는 사만다의 감정을 고스란히 전해주었다. 배우의 외모를 이미 알고 있어서일까. 목소리만으로 실체를 충분히 그려낼 수 있을 것 같았다. 그래서 테오도르의 원맨쇼 같은 장면도 전혀 어색하지 않았다. 목소리를 듣고 상상하는 그의 사랑. 어쩌면 우리가 사랑한다고 믿는 것은 타인 그 자체가 아니라, 내가 그 위에 그려 넣은 상상의 형상 아닐까. 상대라는 거울에 비친 나의 마음, 나의 욕망, 나의 이상일지도 모른다.

만약 그녀의 목소리가 컴퓨터로 합성한 기계음이었다면, 과연 테오도르가 사랑에 빠질 수 있었을까. 매끄럽고 윤기 나는 전문 성우의 목소리를 말하는 것은 아니다. 좋고 나쁨을 떠나 목소리에는 느낌과 감정이 고스란히 묻어난다. 눈빛만큼이나 설렐 수 있는 목소리. 불쑥 드는 낯선 생각인지도 몰라도, 누군가의 목소리를 듣고 흠뻑 설레는 마음을 가져보고 싶다는 생각이 든다. 그 설레는 마음을 온전히 느끼려면 청각 외의 모든 감각을 잠시 닫아야 할까. 수많은 목소리가 뒤섞인 세상 속에서, 문득 내 목소리는 특정 누군가에게 어떻게 들릴지 궁금해진다. 타고난 것이라 해도, 이왕이면 누군가에게 위로가 되는 다정한 목소리, 한번 들으면 쉽게 잊히지 않는, 나를 말해주는 매력적인 목소리를 상상해 본다.

영화에 끌린 또 다른 이유는 플라토닉 사랑의 한계에 대해 생각해 보고 싶었다는 것이다. 인간은 육체적 존재이기에 감각적 욕망, 소유욕, 질투 같은 감정에서 완전히 벗어나기 어렵다. 오직 마음만으로는 지속하기 힘들다. 몸의 온기, 눈빛의 떨림, 함께 나누는 일상의 사소한 순간들까지 사랑의 일부가 된다. 그에 비해 플라토닉 사랑은 아름답지만 현실에서는 자주 목마른 사랑이 될 수 있다. 테오도르가 느꼈을 헛헛함의 이유가 여기에 있지 않았을까. 육체의 온기를 느낄 수 없는 사랑, 실체를 가질 수 없음에도 끝까지 사랑할 용기가 있을까에 대해 영화는 묻고 있는 것 같았다.

그 물음에 답하듯, 영화를 보며 엉뚱한 상상을 하는 나를 본다. 인공지능이 하루가 다르게 발전하는 시대. 언젠가 사만다 같은 존재가 대중화될지도 모른다. 만약 그때가 온다면 나만의 사만다가 있었으면 좋겠다. 목소리만이 아니라 몸을 가진 실체로 내 곁에 머물며, 무조건적인 공감과 아플 때의 돌봄을 건네는 존재. 특히 요리까지 해준다면, 그것은 내 마음과 몸을 살피는 작은 사치이자 중년 이후의 삶에 큰 위안이 될 것 같다. 그런 날을 위해 지금부터 돈을 모아야 할 충분한 이유가 생겼다.

그때는
왜 몰랐을까

    그녀의 서러움이 한동안 내게서 떠나지 않았다. 특히 모든 걸 내려놓은 것 같은 마지막 모습, 쓸쓸하고 주름진 회한이 눈에 선하다. 그녀는 그 순간 무슨 생각을 했을까. 다시 어린 시절로 되돌아가고 싶었을까. 나라도 그렇게 해주고 싶은 마음이 들었다. 오로지 그녀만의 창법으로 다시 노래하며 사는 것을 보고 싶었다.

    내가 아닌 다른 누구로 살고 싶다는 것은, 결국 자기 자신에게 가장 무례한 일일지 모른다. 나만의 색은 분명 고유한데, 그것을 잊고 남의 색을 덧칠하며 살아간다는 것. 그 덧없음의 허망함을 우리는 살면서 종종 경험한다.

    영화 〈해어화〉는 말을 이해하는 꽃이라는 뜻으로, 1940년대 기생을 부르던 말이다. 빼어난 미모와 탁월한 창법으로 최고의 예인이 된 소율과 대중의 심금을 울리는 목소리를 가진 연희는 둘도 없는 친구였다. 그리고 그들 곁에는 민중의 마음을 어루만지는 '조선의 마음'이라는 노래를 만들고 싶은 당대 최고의 작곡가 윤우가 있었다.

소율은 사랑하는 윤우가 만든 노래를 부르기 위해 예인이 아닌 가수를 꿈꿨다. 그러나 우연히 들은 연희의 목소리에 사로잡힌 윤우는, 결국 자신의 노래를 연희에게 맡긴다. 사랑과 우정, 꿈까지 잃은 소율은 한순간에 모든 것을 빼앗긴다. 나는 그 순간, 그녀가 어떻게든 다시 일어서기를 바랐다. 반전의 인간 승리로 그들 앞에 당당히 나타나기를 기대했다. 그래야 세상이 조금은 공평하다고 느껴질 것 같았다.

그러나 소율이 선택한 것은 질투를 넘어선 치정극이었다. 일본 병무국장의 애첩이 되어 원하는 것을 얻어내고 윤우와 연희를 파멸시키려 했다. 연희의 창법을 무리하게 따라 하며 울고 원망했지만 그녀는 결코 연희가 될 수 없었다. 윤우 또한 끝내 그녀에게 돌아오지 않았다. 자신의 영혼과 아름다움을, 자신의 노래까지 버린 채 흘려보낸 그녀의 인생이 보는 내내 안쓰러웠다.

세월이 흘러 1991년, 소율은 방송국 무대에 선다. 그러나 그녀는 자신의 이름이 아닌 연희의 이름으로 노래를 부른다. 방송이 끝난 후 담당 PD가 한 장의 음반을 내민다. 그것은 소율의 노래였다. 다른 곡들은 모두 연희를 따라 한 것처럼 들렸지만, 단 한 곡 '사랑 거짓말이'만은 달랐다. 고유한 정가 창법이 살아 있는, 심금을 울리는 노래였다.

PD가 들려주는 자신의 노래를 듣는 그녀. 영화는 그녀의 옛 시절을 보여준다. 연희의 비보를 듣고 울며 작곡하던 윤우의 모습, 그리고 소율에게 남긴 편지.

> 소율에게. 나를 용서할 길을 찾으려 한다.
> 복사꽃처럼 곱고 환하던 소율. 너에 대한 맹세는 거짓이 되었다.
> 나는 너를 사랑하지 않는다. 사랑, 거짓말. 헛된 나를 잊는 대신 부디 너만을 잃지 말기를.
> 이것이 너에게 줄 수 있는 내 최선의 진심이다.

사랑은, 어쩌면 그들 모두에게 거짓이었을까. 당연히 병무국장은 이용 대상이었을 뿐. 그래서인지 영화의 영어 제목 love, lies가 더욱 의미심장하게 다가왔다.

영화의 모티브가 되었다는 '그때는 왜 몰랐을까'가 절로 각인되는 마지막 장면이었다. 완성도를 떠나서 여운이 오래도록 남는 영화였다.

살다 보면 타인의 색을 동경할 때가 있다. 그 빛이 유난히 눈부셔서, 나의 색이 왠지 초라하게 느껴질 때. 그렇게 비교하다 보면, 내가 지닌 온전한 색조차 잊게 된다. 결국 자기 자신을 등지는 순간이 찾아와 나답지 못한 나와 마주하게 된다. 그렇다면 내 안에서 은은히 빛나고 있는, 나만의 고유한 색은 무엇인가.

결국, 그 색은 나에게서 나오는 것이다. 비교하지 않고, 있는 그대로의 나를 받아들일 때 비로소 나는 나다워진다. 그 색을 잃지 않고 살아가는 것, 그것이야말로 내게 주어진 온전한 삶의 한 방식임을 새삼 깨닫는다.

내 남자

"나는 이제 너의 것이야."

고아가 된 소녀에게 그녀의 가족이 된 남자가 말한다. 파격적이면서도 처절한 사랑이 시작되는 순간이다.

영화의 설정은 위험하다. 바닷가 마을을 덮친 지진 해일로 가족을 잃은 열한 살 하나는, 자신보다 열일곱 살 많은 먼 친척 준고에게 입양된다. 하나에게 준고는 아버지이자 남자였고, 준고에게 하나는 엄마이자 딸이었으며 여자였다. 그들은 가족이면서 연인이었고, 세상과 고립된 채 오직 서로만을 바라보며 사랑의 극치를 보여준다.

몇 년 전에 읽었던 사쿠라바 가즈키의 원작 소설 〈내 남자〉는 그야말로 충격적이었다. 일본 소설에서 가끔 등장하는 '해서는 안 될 사랑'을 다루었기에 읽고 나서도 영 개운

하지 않았다. 단순한 퇴폐적 치정 이상의 의미가 더 있을까. 그럼에도 이따금 소설이 생각났다. 영화 채널에서 같은 제목을 발견했을 때, 원작이 영화로 만들어졌다는 사실을 알았다. 처음 영화를 볼 때만 해도 원작을 충실히 재현한 자극적이고 어두운 이야기라 여겼다. 하지만 다시 영화를 보며 문득, 원작자가 진정 말하고 싶었던 것이 무엇인지 궁금해졌다.

영화 〈내 남자〉를 관통하는 핵심은 '가족'이었다. 가족과 사랑의 온기를 모르고 살아온 두 사람은 서로에게 절대적으로 의존한다. 준고는 어린 시절 바다에서 아버지를 잃었고, 어머니는 그 상실을 견디지 못하고 삶에서 사라졌다. 어머니에게 사랑받지 못한 준고는 어머니를 증오했다. 영화 속 오시오 할아버지는 준고가 어머니의 목을 조른 적이 있었다고 고백한다. 깊은 사랑의 또 다른 얼굴은 애증이라고 하지 않던가.

하나 역시 원래 가족이 있었다. 그러나 해일 속에서 그들이 서로를 껴안은 채 죽어가고, 자신만 홀로 남겨졌을 때 피가 다름을 직감했다. 대피소에서 물병 하나만을 꼭 끌어안고 있던 소녀는 그곳에서 준고를 만난다. 자신의 생명줄 같았던 물병을 지키듯, 그녀는 가족이란 스스로 만들고 지켜내야만 하는 것이라고 까만 눈망울의 어린 나이에 체득하고 있었다.

하나와 준고의 가족관은 분명 비틀려 있다. 원작 속 문장, "광기에 찬 사랑에서는 선과 악의 경계도 없다."는 말이 그들의 관계를 설명한다. 오시오 할아버지는 하나에게 "세상에는 해서는 안 될 일이 있다!"라고 외친다. 그러나 그녀는 "아빠와 딸 사이에서 하면 안 될 것이 뭐가 있어!"라고 반박한다. 그녀는 자신이 준고의 친딸임을 본능적으로 알았지만, 그 사랑을 멈출 생각은 없었다. 오히려 그 비밀을 감추기 위해 오시오 할아버지를 밀어 죽인다. 그녀에게 사랑이란 '진짜 가족이라고 느껴야 가능한 마음'이었고, 가족이란 '죽음도 함께 할 수 있는 사랑'이었다.

준고는 과거 친척집에 머물렀을 때 하나 어머니와의 하룻밤으로 하나가 태어났음을 알았다. 그럼에도 그는 외로움의 온기를 하나에게서 찾았다. 피를 나눈 존재이기에, 그는 딸에게서 연인을, 또 어머니를 갈망했다. 정작 그들의 삶에는 혈연 속에서 경험하는 따뜻함이 결여되어 있었고, 가족과 연인의 경계조차 의식하지 못한 채 서로를 향해 자석처럼 끌렸던 것이다.

이후 그들은 도망치듯 도쿄로 이주하지만, 옛 마을의 형사가 하나의 살인을 눈치채고 찾아온다. 준고는 그녀를 위해 형사를 죽인다. 이제 그는 하나와 같은 죄를 짊어진 동질감을 느끼지만, 그 대가로 무너져 간다. 시체를 집안 어딘가에 숨기고 이를 은폐하기 위해 쓰레기를 쌓아 올리는 집. 그는 점점 쓰레기의 일부가 되어가며 그들의 사랑은 어둠 속으로 가라앉는다.

흔히 원작이 영화로 만들어질 때 아쉬움이 남기 마련이지만, 영화는 그 여백이 느껴지지 않았다. 눈 덮인 배경, 사랑을 나누는 순간 그들의 몸 위로 떨어지는 핏방울. 마치 죄를 고백하는 듯한 빨간색과 그것을 덮는 듯한 하얀색은 상징적이었다. 차가운 바다의 유빙이 갈라지는 소리, 비의 눅눅함과 냄새는 원작만큼이나 죄책감과 광기를 품은 사랑을 은유했다.

나오키 심사위원은 이렇게 말했다. "이 소설은 반사회적이고 반도덕적이다. 하지만 무슨 말을 하더라도 어쩔 수 없는 작품이다. 이것을 세상에 내놓고 한번 묻고 싶었다." 나 역시 〈내 남자〉라는 영화에 관한 글을 쓰고 있는 지금, 독자들에게 묻고 싶어졌다.

내 남자는 훔친 우산을 천천히 펼치며 이쪽으로 걸어왔다.

영화의 마지막 장면이자 원작 소설의 첫 문장이다. 26세의 하나는 다음날 결혼을 앞두고 있다. 결혼할 남자와 하나 그리고 준고가 레스토랑에 앉아 있다. 하나는 준고가 "결혼 축하한다."라는 말을 해주길 기다리면서 묘한 눈빛을 보낸다. 테이블 아래 그녀의 발이 준고의 발에 닿는다. 준고 역시 무언의 알 수 없는 눈빛으로 그 시선을 받는다.

두 사람만이 아는 눈빛. 피로 맺어진 내 남자, 그들 인연의 끝은 과연 어디까지일까.

내가 누군지는
내가 결정해

프레디 머큐리만큼 '내가 주인공인 삶을 살아야 행복한 느낌을 가질 수 있다'는 것을 잘 보여준 사람이 또 있을까.

솔직히 큰 기대 없이 보기 시작한 영화였다. 〈보헤미안 랩소디〉는 70~80년대 영국의 그룹 '퀸'을 재조명한 작품이었다. 학창 시절 에어 서플라이, 시카고와 함께 좋아했던 밴드였다. 오랜 세월 속에 잊고 있던 이름이 스크린 속에서 살아 숨 쉬는 모습을 보니, 마치 시간의 틈새를 여행하는 듯한 기분이 들었다.

영화는 퀸 특유의 독창적이고 호소력 있는 음악이 탄생하는 과정, 프레디 머큐리의 사랑과 인생, 솔로 활동을 둘러싼 갈등을 담아냈다. 전형적인 밴드 영화의 서사를 따르지만, 두 시간 넘는 러닝타임은 순식간에 지나갔다.

엔딩 크레딧과 함께 흐르는 실제 공연 영상에 관객들은 숨조차 죽인 채 자리를 떠나지 못했다. 자정을 넘긴 시간, 극장을 나와 집에 돌아와서도 여운 때문에 쉽게 잠들 수가 없었다. 도대체 무엇이 나를 전율하게 했을까.

공항에서 수하물 나르는 일을 하던 프레디는 관심 있게 지켜보던 클럽 밴드에 다가간다. 그들 앞에서 거침없이 한 소절을 부르고 그 자리에서 합류한다. 첫 무대부터 폭발적인 끼를 발휘하며 당당하게 자신을 드러낸다. 파키스탄 이민자, 잘생겼다고 하기 어려운 외모, 돌출된 앞니, 이 모든 것이 무대에서는 오히려 독특한 매력으로 변했다. 영화를 보는 내내 나도 모르게 그의 돌출된 앞니를 흉내 내며 입을 오므리고 있었다. 영화가 끝날 무렵에는 온 신경이 입으로 쏠린 기분마저 들었다.

프레디는 무대 위에서 자신의 음악적 직감을 발휘해 즉흥적으로 멜로디를 만들고 단숨에 관객을 사로잡았다. 그의 제스처와 걸음걸이에는 자신에 대한 확신이 묻어났다. 마치 자신이 주인공이라는 것을 잘 아는 사람처럼 행동했다.

어느 작가는 '자격이란 내가 스스로 부여하는 지위'라고 말했다. 그는 또 이렇게 덧붙였다. "내 안에는 다양한 인격들이 산다. 나 자신은 물론 필요할 때 불러낼 수 있는 배우들, 나는 극장이며 그 외에 아무것도 아니다." 프레디 머큐리, 그는 분명 인생이라는 극장의 완벽한 배우였다. 그를 연기한 라미 말렉 또한 압권이었다. 실제보다 약간 둥근 얼굴과 작은 체구였지만, 그가 뿜어낸 열정은 진짜 프레디의 재현 그 자체였다.

하지만 많은 천재들이 그렇듯 그의 사생활은 불행했다. 양성애적 성향으로 인해 사랑하는 메리와 이별했고, 외로움과 공허 속에서 결국 에이즈에 걸려 생의 끝을 향해 갔다. 영화의 엔딩을 장식한 라이브 에이드 무대는 그가 혼신을 다한 마지막 공연이었다. 그 순간의 에너지는 곧 그의 삶이었고, 듣는 이를 송두리째 매료시킨 그의 목소리는 영혼까지 울렸다. 학창 시절 가사도 모르면서 무작정 끌렸던 이유를 이제야 알 것 같았다.

〈보헤미안 랩소디〉는 '120분간의 클라이맥스'라는 카피가 딱 들어맞는 영화였다. 그룹 퀸과 프레디 머큐리의 귀환을 염원한 사람들이 만들어 낸, 끝나지 않을 이야기. "내가 누군지는 내가 결정해." 죽음을 앞두고서도 그는 끝까지 주인공으로 살았다. 반짝이다 사라진 스타가 아니라, 전설로 남았다.

그의 길고 짧은 인생을 논하기에 앞서, 나 역시 내가 누구인지를 스스로 정의하며 살고 싶다는 생각이 들었다. 어쩌면 이미 그렇게 살아가고 있는지도 모른다. 결국, 우리는 자신의 삶을 직접 써 내려가는 작가인 셈이다.

다시, 봄

깨어나 보니 어제, 나의 시간이 하루씩 뒤로 가기 시작했다.

만약 시간여행이 가능하다면 언제로 가고 싶은가. 인생에 만약은 없다는 전제로 일축해 버리고 말 것인가. 자신의 과거에서 후회와 아쉬움이 남는다면, 그 시점으로 되돌아가 어떻게든 만회하고 싶은 마음이 들 것이다. 젊음을 되찾고 싶은 마음 역시 우리를 과거로 향하게 한다. 미래를 바꾸기 위함이 아니다. 이미 지나온 그 시간으로 들어가 지금과는 다른 결과를 만들어 내고 싶다는 것. 그것이 주로 하게 되는 타임슬립에 관한 즐거운 상상이다.

영화 〈다시, 봄〉은 바로 이런 상상에서 시작된다. 딸을 잃은 은조는 절망 속에서 '같이 죽기로 한 사람들의 모임'에

참석한다. 병실에서 눈을 뜬 그녀는 모임의 일원 호민에게서 "내가 당신을 알아볼 때까지 기다려 줘요."라는 알 수 없는 말을 듣는다. 그리고 그날 이후 은조의 하루는 어제로 거꾸로 돌아가기 시작한다.

반복되는 어제 속에서, 은조는 딸의 죽음과 얽힌 비밀을 마주한다. 딸을 죽인 범인의 아들이 바로 호민이라는 사실. 게다가 사고가 있던 날로 돌아가면 딸을 구할 수 있을지도 모른다는 희망이 은조를 붙잡는다. 하지만 시간이 거꾸로 흐르며 사건의 전모를 알게 된 은조는, 범인이라 믿었던 호민의 아버지에 대한 오해를 풀게 된다. 그 과정에서 오히려 호민을 불행으로 몰아넣었던 사건을 되돌리기 위해 애쓴다.

안타깝게도 하루씩 과거로 가는 탓에 호민은 오늘의 은조를 기억하지 못한다. 무엇보다 은조는 거슬러 오르다 보면 결국 임신 전으로 돌아가, 딸을 다시는 만나지 못할 수도 있다는 사실을 깨닫는다. 그때, 시간 여행자 벤자민이 나타나 딸을 다시 만나려면 유성이 떨어지는 날 다시 죽어야 한다는 말을 전한다. 그녀는 죽기로 결심하고 자신이 매일 썼던 다이어리를 호민에게 건넨다. 훗날 그 다이어리를 다 읽은 호민은 비로소 은조를 기억하고, 두 사람은 다시 같은 시간 속에서 마주하게 된다.

타임슬립은 흔한 소재라 할 수 있다. 그럼에도 영화에서

간과할 수 없었던 것은 하루씩 과거로 돌아가면서 변화하는 은조의 태도였다. 그녀는 가벼운 마음으로 과거를 바꾸려 들지 않는다. 오히려 시간 속에서 어쩔 수 없는 일을 받아들이고 자연스럽게 수긍한다. 배우의 이름처럼 청아하고 담담한 모습이어서일까. 그녀는 매번 어제로 돌아가면서 점점 긍정적으로 의식이 변해간다.

다시 살아보니 비로소 보이는 진실들. 딸이 소중한 만큼 다른 누군가의 삶도 똑같이 소중하다는 깨달음. 그런 이유로 그녀는 자신의 시간 속에서 되찾은 삶의 가치를, 다른 누군가에게도 돌려주려 한다. 영화는 딸을 살리기 위한 과한 모성애가 아니라 자신과 타인에 대한 이해와 독립심을 보여주었다.

단순히 제목에 끌려 보게 된 영화 〈다시, 봄〉은 구성의 단순함과 여주인공의 심리를 따라가면서 오히려 소박하게 느껴질 정도였다. 자극적인 장치 없이도 잔잔하게 전개되는 장면들이 서서히 이해되고 마음에 스며들었다. 그래서일까. 인간으로서 절대로 불가능한 시간여행, 그 상상 속에서 나는 알게 모르게 위로와 공감을 느꼈다.

영화 속 대사 '오늘은 분명 내가 살았던 어제'라는 말처럼 어제와 오늘의 순서는 중요하지 않을지도 모른다. 어쩌면 우리는 어제로 돌아가지 않아도 오늘의 순간마다 이미 작은 타임슬립을 경험하고 있는 것은 아닐까.

수십 번을 맞이했어도 여전히 처음 맞는 것처럼 느껴지는 봄.
다시, 봄이다.

말하지 않아도

그 음악 스윗 프랑세즈는 항상 날 다시 그에게로 데려간다.

영화의 마지막 대사가 오래도록 여운이 되어 남았다. 〈스윗 프랑세즈〉는 1940년 독일이 점령한 프랑스 시골 마을 뷔시를 배경으로 한다. 전쟁터에 나간 남편 가스통을 기다리며 홀로 지내던 프랑스 여인 루실의 집에 무표정의 독일 장교 브루노가 머물게 된다. 매일 밤 들려오는 그의 피아노 선율은 루실의 지친 마음을 위로한다.

브루노의 임무 중 하나는 마을 사람들의 동향을 살피는 것이었다. 그러던 중 루실은 남편이 결혼 전부터 여자가 있었다는 사실을 알게 된다. 그때부터 그녀의 마음속에 파문이 일기 시작한다. 루실과 브루노, 서로가 적임에도 불구하고 본능적으로 끌리는 마음을 거부할 수 없었다.

전쟁에 지친 브루노는 사실 전직 작곡가였다. 루실의 집 피아노 앞에 앉아 스스로를 위로했고, 어느 날 정원에서의 짧은 대화는 둘의 입가에 처음으로 미소를 머물게 했다. 많은 말을 주고받지 않아도 서로의 마음은 묘하게 통하고 있었다. 그러나 그 애틋한 관계는 오래가지 못했다.

마을에 사건이 터진 것이다. 소작농 브누아가 자신의 아내를 노리던 독일 장교를 살해했다. 지휘관으로서 브루노는 범인을 찾아야 했고, 루실은 범인 브누아를 숨겨주었다. 그녀는 그를 파리로 데려가겠다 자청했고 브루노는 의심스러우면서도 묵인한 채 통행증을 발급해 준다. 하지만 부하의 의심은 끊이지 않았다. 결국 그는 루실의 뒤를 쫓지만 끝내 그녀의 탈출을 돕는 길을 택한다.

말 한마디 나누지 못한 채 멀어져가는 그녀를 바라보는 브루노의 눈빛은 깊은 허무와 애틋함으로 가득했다. 루실 역시 눈물로 속삭인다. "우린 서로의 감정을 단 한 번도 말하지 못했다. 사랑이라는 한마디조차도."

일주일 후 파리에 도착한 루실은 레지스탕스로 활동하며 브루노의 사망 소식을 듣는다. 4년 후 프랑스는 해방되었다. 하지만 그녀는 잃어버린 것들을 잊기 위해 애써야 했다. 내레이션 자막이 그 심정을 말해주는 듯하다. "그 음악 스윗 프랑세즈는 항상 날 다시 그에게로 데려간다." 전쟁 속에서 피어난 사랑이었기에 애절했고, 그들이 평범한 연인으로 만났더라면 하는 아쉬움이 남았다.

　영화는 나치의 프랑스 점령 당시 쓰인 동명의 소설을 원작으로 한다. 1942년 원작자 이렌 네미로프스키는 유대인이라는 이유로 체포되어 아우슈비츠에서 사망했고, 작품은 미완성으로 남았다. 그녀의 원고는 60년간 가방 속에 잠들어 있다가 2004년 딸에 의해 출간되었고 세계적인 베스트셀러가 되었다. 어쩌면 미완성이기에 오래도록 여운이 남는 것인지도 모른다.

　사랑은 똑같은 영혼을 만났을 때 일어난다고 했던가. 브루노와 루실을 이어준 것은 음악이었다. 음악을 좋아하는 그는 음악을 공부한 그녀와 자신의 공통점을 알아본 것이다. "잠시만 전부 다 잊어버려요."라며 춤을 청하던 브루노. 끝나지 않는 전쟁 속에서 그들의 사랑은 위험했고 짧았다. "우린 또 만날 거예요. 다른 모습으로." 그 한마디에 나는 해피엔딩을 은근히 기대했다. 그랬기에 떠나는 그녀를 애절한 눈빛으로 바라볼 수밖에 없었던 브루노의 마지막 모습을 잊을 수가 없었다. 그들이 나누었던 것을 떠올려 본다. 그들을 연결해 준 음악, 다른 모습이란 결국 음악이었을까. 영화 속에서 내내 잔잔하게 흐르던 브루노의 피아노 선율이 아직도 귓가를 맴돌고 있다.

브루노를 연기한 벨기에 배우 마티아스 쇼에나에츠. 그의 담백한 사랑 연기는 놀랍도록 섬세했고, 그 매력에 나는 한동안 그의 필모그래피를 찾아보았다. 그가 연기한 인물들은 하나같이 치밀하고 절제된 감정 속에 외로움과 사랑을 품고 있었다. 사랑 앞에서 달라지는 그의 눈빛에 완전히 매료되었다.

"사랑은 바람과 같다. 너는 그것을 절대로 볼 수 없다. 다만 느낄 수 있을 뿐이다." 살아가다 보면 결이 맞는 사람을 만나게 된다. 그 운명 같은 감각은 거부할 수 없다. 말하지 않아도, 눈빛과 공기 사이에 흐르는 미묘한 기류로 이미 충분히 전해진다.

오늘은
여기까지

　매일 다른 얼굴로 깨어나는 남자가 있다. 그는 성별, 나이, 국적을 가리지 않고 매일 다른 인물로 변한다. 여자일 때도, 아이일 때도, 일본인이었다가 미국인이 되기도 한다. 변하지 않는 게 있다면 그 안에 깃든 마음 하나뿐이다.

　그의 이름은 우진, 그의 직업은 혼자 작업실에서 가구를 디자인하고 제작하는 일이다. 인터넷 덕분에 세상 밖으로 나가지 않아도 크게 불편함이 없는 일. 어쩌면 그에게 딱 맞는 직업이었다.

　그러던 어느 날 그는 가구 매장에 들른 그는 여주인공 이수를 보고 마음을 빼앗긴다. 흔히 겉모습보다 내면이 중요하다고 하지만 그 말은 진부한 위로일 뿐. 이왕이면 다홍치마라고, 첫인상에 있어서 외모가 유리하게 작용한다는 것을 우진 역시 알고 있었다. 그는 이수와 어울릴 만한 모습이 되기를 하루하루 기다렸다.

마침내 잘생긴 청년의 얼굴로 깨어난 날 그는 환호했다. 마침 이수가 지인들에게 남자 친구를 소개하려는 시점이었다. 몇 시간까지만 해도 할머니의 모습으로 절망에 빠져있던 그가, 슈트가 환상적으로 어울리는 모습이 된 것이다. 절묘한 타이밍이었다. 그 장면은 짜릿했고 이수의 눈빛에서도, 영화를 보는 내게서도 탄성이 나올 정도였다.

안타까운 것은 같은 모습은 단 하루뿐이라는 것. 우진은 며칠간 잠을 참으며 그 얼굴을 붙잡으려 했지만, 결국 3일째 되던 날 속수무책으로 잠들어 버리고 말았다. 깨어나 보니 빛나는 머리와 둥근 얼굴의 못생긴 중년 남자가 낙담한 채 서 있었다.

그는 매일 다른 외모로 변하기 때문에, 이수 앞에 나타나는 것을 망설이다가 결국 비밀을 털어놓는다. 오늘 본 사람을 내일 또 볼 수 있다는, 남들에게는 지극히 평범한 사실이 그에게는 결코 가능하지 않았다. 처음에 놀랐던 이수도 매일 다른 모습의 우진을 보는 것이 날이 갈수록 불안과 낯섦으로 느끼기 시작한다. 그는 매일 아침 달라진 신발 사이즈를 재고 시력을 재서 안경을 고르는 것으로 자신을 받아들이지만, 이수는 눈앞에서조차 그를 알아볼 수가 없다. 약속 장소에서조차 그를 알아볼 수 없고 그가 손을 잡아줄 때만이 그의 존재를 확인할 수 있었다. 겉으로는 행복해 보였지만 그녀의 속은 조금씩 곪아가고 있었다. 결국 그녀는 정신과 상담까지 받게 되고 의사는 유일한 치료법으로 그를 만나지 않는 것을 권한다.

그 사실을 모르는 우진은 그녀에게 청혼을 한다. 하지만 예상과는 다른 그녀의 반응에 같은 마음이 아님을 알고 좌절한다. 결혼해서 같이 사는 남자가 매일 다른 남녀노소로 변하는 것을 가족과 세상에 어떻게 설명할 수 있을까. 방황하던 우진은 어머니를 통해 아버지 역시 자신처럼 매일 변하는 사람이었음을 듣게 된다. 그제야 그는 이수의 두려움을 이해하고 그녀와 헤어지기로 결심한다.

이수는 우진의 이별 통보를 묵묵히 받아들이며 그를 만나기 전 일상으로 돌아간다. 그녀는 스스로에게 묻는다. "익숙함을 느끼며 사랑했던 것은 그의 내면이었을까, 아니면 외면이었을까." 날마다 달라지는 것은 우진이 아니라 자신 자신이었을지도 모른다고 생각한다. 그녀의 독백처럼 우리는 하루에도 몇 번씩 변한다. 아침에 웃던 내가 저녁에는 지쳐있고, 어제의 결심이 오늘은 흔들린다. 얼굴은 같아도 마음은 수시로 다른 표정을 짓는다. 오늘의 나와 어제의 나, 그리고 내일의 나를 장담할 수 없다.

결국 이수는 깨닫는다. 매일 다른 얼굴이었지만 그녀를 사랑하는 우진의 마음은 하나였음을 말이다. 그녀는 우진이 떠난 체코로 찾아가 문을 두드린다. "세상 사람들의 시선과 혼란, 상처보다도 네가 내 옆에 없는 것이 더 아프다."라고 말하며 집 안에서 등을 보이고 있는 우진을 끌어안는다.

수많은 사람이 이수를 둘러싸고 있는 영화의 포스터가 인상적이었다. 영화를 보고 난 뒤, 그들은 모두 겉모습만 다른 우진이었다는 것을 알게 되었다. 그의 직업이 가구를 만드는 것은 결코 우연이 아니었다. 가구는 나무든 철이든 본래의 재료는 변하지 않은 채 의자가 되기도 하고 책상이 되기도 한다. 그의 직업은 우진 자체를 상징하고 있었던 것이다.

매일 달라지는 자신의 모습을 받아들이며 밤이 되면 노트북 앞에 앉아 하루를 마감하는 그의 말 '오늘은 여기까지'가 마음을 파고든다.

문득, 나 역시 스스로에게 묻게 된다. 매 순간 수시로 감정이 변하는 나는, 그날그날의 모습에 만족하며 살고 있는가.

영화 〈뷰티 인사이드〉였다.

제4장

봄 그리고 여름

노랑과 연두
그리고 초록

이도 저도 아닌 달

일 년 중 가장 짧은 달 2월, 겨울도 봄도 아닌 어정쩡한 시기다. 여전히 바람은 차갑지만, 어디선가 봄의 한 줄기 기운이 느껴진다. 그 기운은 겨우내 움츠렸던 나만의 아늑한 세계를 조심스레 흔들어 깨운다. 빛날 준비를 하는 화사한 세상이 버거워지면서 이유 모를 불안감을 불러일으킨다.

졸업식이 다가오는 계절. 봄이라기에 외투도 없이 얇은 가을 셔츠만을 입은 채, 운동장에 서 있었던 초등학교 졸업식이 떠오른다. 오들오들 떨었던 그날 이후로, 봄은 내게 따뜻한 계절이 아닌 마음까지 시린 계절로 각인되었다. 훈훈한 봄이 되려면 아직 멀었다. 봄이 되어 두꺼운 겨울옷을 벗어 던지고 나면, 내 안의 무언가를 함께 드러내야 할 것 같은 막연한 두려움이 밀려온다.

　마음이야 어찌 되었든, 봄은 개나리 노란 꽃봉오리를 피우기 위해 이미 여기저기에서 꼬물거리고 있다.

연두를 기다리며

　시름없이 피는 꽃이 또 이른 봄을 데려왔노라.

　어느새 봄은 그렇게 성큼 다가와 있었다. 나른한 봄 햇살이 내려앉을 때면, 은은한 쑥 향이 마음속 어딘가를 자극한다. 어린 시절 엄마가 넓적하게 반죽해서 익힌 쑥떡도, 콩가루 버무려 끓인 맑은 쑥국도 그리워진다.

　어느 봄날, 남편이 불쑥 쑥을 뜯으러 가자고 했다. 양평을 지나 춘천 의암댐 근처에 도착했을 때는 막바지 오후였다. 오후 햇살은 밀레의 〈만종〉 배경처럼 평화로운 들판을 부드럽게 물들이고 있었다. 그림과 다른 점은 지평선 대신 산자락으로 둘러싸여 있다는 것. 높은 하늘에는 구름은 많았고 공을 반으로 잘라 엎어놓은 듯한 지형이었다. 땅에서 올라오는 옅은 흙냄새와 차가운 바람이 코끝을 스쳤다. 먼 시야에는 아지랑이가 피어오르는 듯한 풍경이 펼쳐졌다.

남편은 논두렁을 돌아다니며 쑥을 뜯었고, 나는 저물어 가는 들판 저 멀리 하나의 점처럼 보이는 웅크린 그의 모습을 카메라에 담았다.

봄은 꽃으로부터 오듯, 온 천지에 노랑, 분홍, 하양의 꽃들이 흐드러졌다.

나무들은 서서히 연두로 물들어 가고 있었다.

꽃향기에 취하다

공기 중에 진한 아카시아 향이 감돌았다. 눈부신 햇살을 넘어서 어지러움마저 느껴지는 순간, 꽃향기에도 취할 수 있음을 깨달았다. 그 취기 속에서 무언가 특별한 일을 벌이고 싶은 마음이 솟아났다.

작년 이맘때, 지인들과 근처 야산에 꽃을 꺾으러 간 적이 있었다. 일행 중 누군가가 먼저 제안했다. 그녀는 어린 시절 시골에서 자라며 들꽃나무 가지를 꺾어 집 앞마당에 심기도 산기슭의 꽃나무 앞에서 멈춰 저마다 몇 가지씩 꺾었다. 양심의 가책이 살짝 스쳤지만, 이미 꽃향기에 취해 있었다. 집으로 돌아와 물을 담은 병에 꽃가지를 꽂고 바라보니 마음이 꽤나 흡족했다. 그러나 꽃은 3일째가 되자 시들기 시작했다. 멀쩡한 생명을 꺾어온 것은 아닌지, 그저 바라보는 것으로 만족했어야 했나 싶은 후회가 들기 시작했다.

취기 어린 5월, 초록이 시작되는 어느 봄날이었다.

봄날은 오는 듯
머무는 듯

'끼익' 하는 버스의 급정거 소리에 정신이 돌아왔습니다. 나는 무엇에 빠져 있었던 걸까요. 창밖으로 뿌옇게 가려졌던 미세먼지가 걷히고, 드러난 파란 하늘과 하얀 구름 그리고 반짝이는 햇살을 보며 나도 모르게 공상 속에 빠져 있었나 봅니다.

눈이 부신 날입니다. 올해 들어 이런 맑은 날이 몇 번이나 있었던가요. 미세먼지 때문에 파란 하늘 보기가 점점 어려워집니다. 문득, 얼마 전 종영된 드라마 〈눈이 부시게〉의 엔딩 내레이션이 떠올랐습니다.

내 삶은 때론 불행했고 때론 행복했습니다.
삶이 한낮 꿈에 불과하다지만 그럼에도 살아서 좋았습니다.

새벽에 쨍한 차가운 공기, 꽃이 피기 전 부는 달큰한 바람, 해 질 무렵 우러나는 노을의 냄새. 어느 하루 눈부시지 않은 날이 없었습니다.

(중략)

오늘을 살아가세요.

눈이 부시게,

당신은 그럴 자격이 있습니다.

  누군가의 엄마였고, 누이였고, 딸이었고, 그리고 나였을 그대들에게 전하는 말 같습니다. 노년에 접어든 여주인공의 떨리는 목소리로 읊조리던 그 말이 들리는 듯하고, 젊은 여주인공이 통통 튀며 살아냈던 진솔한 삶의 결이 함께 떠오릅니다. 인생의 봄날은 오는 듯 머무는 듯, 의식하지 못한 채 무심히 지나갔지만 분명 우리 곁에 존재했다는 것을 깨닫게 해준 드라마였습니다.

  창문을 여니 아직은 차가운 바람이 옷깃을 여미게 합니다. 바람은 매섭지만 분명 봄날입니다. 익숙하면서도 낯선 이 공기는 어린 날의 봄을 떠올리게 합니다. 새 학기에 적응하느라 어설프기만 했던 봄. 시작의 설렘과 기대보다 낯섦이 더 앞섰던 기억. 수십 년이 흘렀지만 그때의 감정이 어찌나 강렬한지, 어른이 된 지금도 그 감정과 동화되는 것을 봅니다. 감정은 세월과 무관하게 진화도 못 한 채 그대로인 걸까요. 지금도 같은 마음이라면 여전히 새 학기 증후군을 앓고 있나 봅니다.

봄날의 아련한 기억이 하나 있습니다. 어느 토요일 오후, 고등학생이었던 우리는 학교 건물 옆으로 펼쳐진 들판을 걸었습니다. 아지랑이 피어오르는 들판을 직접 확인해 보고 싶었거든요. 하염없이 걷다 돌아오니, 텅 빈 교정에는 적막만이 남아 있었습니다. 그날을 기념하기 위해 학교 앞 사진관에서 나란히 명함판 사진을 찍었죠. 그날 그 순간의 나는 마치 시간 여행이라도 한 듯, 지금 여기 버스 안에 앉아 있습니다.

어디론가 정처 없이 떠나고 싶은, 햇살 가득한 날이었습니다. 봄날이 감당되지 않았던 이유는, 어렸기 때문이었을까요. 그 후로도 환하게 드러난 봄 햇살 아래 나서는 일은 쉽지 않았습니다. 마냥 드러내고 즐기지도, 감히 향유해서는 안 될 것 같은 기분. 무엇보다도 나른한 햇살을 견딜 수가 없었습니다. 포도 위로 내리쬐는 강렬한 햇빛 때문에, 죄를 지은 어느 소설 속 주인공으로 나 자신을 착각했던 것일까요.

봄날은 이제 순식간에 사라집니다. 짧은 인생의 봄날처럼 말이죠. 젊은 날에는 젊음을 모른다는 노랫말처럼, 언제 지나갔는지도 모르게 지나버렸습니다. 뜬금없이 오래전 영화 〈봄날은 간다〉의 음악이 귓가에 흐릅니다. 사랑이 지나가고 또한 인생의 봄날이 훌쩍 지나가 버림의 처연함을 담은 노래를 무심결에 흥얼거립니다.

봄날은 오는 듯 머무는 듯, 눈이 부시게 내려앉고 있습니다.

감정의 날씨

올해는 유난히 바람이 많이 분다. 이른 봄에 1층으로 이사 온 우리 집은 창밖 흔들리는 나뭇가지들을 거의 매일 볼 수 있다. 1층에 살아본 적이 없어서인지 아니면 봄이라 바람이 더 심하게 부는 것인지 모르겠다. 멍하니 바람 부는 것을 보다 보면 하루를 시작하는 자세가 속절없이 휘둘리는 느낌을 받는다.

언젠가부터 아침에 눈을 뜨면 날씨부터 체크한다. 그에 따라 옷차림을 정하고 그날의 컨디션 및 일정까지도 조율하게 된다. 맑은 날은 기분부터 달라진다. 아니 몸이 먼저 알아채는 듯하다. 무엇이든 해낼 것 같은 화사한 날씨는 마치 자연이 선물처럼 내려주는 색감 같다. 마음이 절로 가벼워지고, 평소 무심히 지나쳤던 꽃들이 더욱 예뻐 보인다. 그런 날에는 빨래도 잘 마르고, 하루를 통째로 소중한 이에게 건네주고 싶은 마음이 든다. 날씨가 사람을 움직이고, 마음의 결까지 바꾸어 놓는 듯하다.

봄기운에 주눅부터 들었던 어린 시절의 습관은 이제 조금씩 달라지고 있다. 봄이 오면 무언가 시작될 것 같으면서도, 화사한 봄날은 늘 낯설고 불편했다. 아예 봄을 내게서 차단해 버리고 싶었던 마음마저 들곤 했다. 그 마음이 조금씩 옅어진 지금은 오히려 봄바람과 햇살에 흔들리는 나를 마주한다.

어느 작가는 "날씨는 부분적으로 우리의 기쁨과 번민을 좌우한다. 빛은 우리를 경쾌한 기운으로 채우고 구름이 가득 낀 하늘은 개인적 징벌처럼 우리를 짓누른다."고 말했다. 빗소리를 아무리 좋아해도, 장마철처럼 비가 계속 내리면 마음까지 답답하고 눅눅해진다. 사람이 살아가는 데 있어 날씨만큼 감정에 영향을 주는 것이 또 있을까.

그나마 다행인 것은 우리에게는 사계절이 있다는 점이다. 일 년 내내 춥지도 덥지도 않아 계절마다 나름의 향기를 느낄 수 있다. 꽃향기가 지천인 봄날, 무성한 초록의 여름과 조락의 냄새가 짙어지는 가을. 웅크린 채 한숨 쉬어갈 수 있는 겨울이 있다. 그때그때 날씨가 고여 있지 않고 흐르고 있다는 것은 어찌 보면 축복이 아닐 수 없다.

사람의 감정에도 날씨가 있음을 느낀다. 맑은 날, 흐린 날, 비 오는 날, 눈 오는 날처럼. 심지어 변덕스럽고 변화무쌍하기도 하다. 감정의 기복이랄까. 어쩌면 그 점은 다행일지도 모른다. 변하는 것이 자연스럽다는 것을 계절이 먼저 보여주니까. 다만 감정의 날씨에는 예보라는 것이 없다. 갑자기 구름이 끼다가도 불현듯 맑아지기도 한다. 늘 한결같으면 무슨 재미가 있을까. 그 불확실함에 오히려 인간미마저 느껴진다.

그럼에도 우리는 자연의 일부이기에 어쩔 수 없이 자연에 동화되는 것을 느낀다. 그 때문인지 감성을 두드리는 비와 바람 그리고 햇살에 속수무책일 때가 많다. 그런 내가 가끔은 대책 없이 휘둘리는 것 같아 마음에 들지 않는다. 그저 무관하게 하루 주어진 일을 하면서 묵묵하고도 담담하게 보낼 수는 없을까.

자연의 날씨보다 내 감정의 날씨를 더 체크해야 한다고 여기는 요즘이다.

쑥 뜯으러 가자

 봄날은 남자의 마음도 살랑이게 하는가. 일요일 아침 늦잠을 자고 있는데 남편이 불쑥 "쑥 뜯으러 가자."고 했다. 조금 귀찮기도 했지만 남편의 말에 픽 웃으며 알았다고 했다. 무엇보다 내가 직접 쪼그리고 앉아 뜯지 않아도 된다는 사실이 마음을 편안하게 했다. 사실 나는 어렸을 때부터 나물 뜯는 것을 좋아하지 않았다. 지렁이처럼 꼬물거리는 벌레들이 싫었고, '나물'이라는 단어의 어감부터 왠지 시골스럽고 촌스러운 느낌이 들었다. 나물 뜯는 엄마 근처에 앉아 그저 풍경 바라보는 것이 내가 했던 유일한 일이었다.
 몇 년 전 이맘때쯤, 오히려 내가 먼저 남편에게 가자고 했던 적이 있었다. 그때는 몸이 원해서였는지 쑥이 몹시 먹고 싶었다. 엄마까지 동원해서 남편과 엄마가 뜯어온 쑥을 나는 다듬기만 했다. 살짝 데쳐 냉동실에 넣어두고는 소금 약간 넣고 후다닥 전을 부쳐 먹었다. 그 뒤로도 나는 뜯지도 않으면서 매년 봄이 되면 왜 나물을 뜯으러 가고 싶어지는지 모르겠다.

서둘러 준비하다 보니 어느덧 오후가 되어 있었다. 커피와 뜨거운 물을 보온병에 담고, 컵라면과 김밥 두 줄도 준비했다. 소풍 가는 기분으로 차에 올랐지만, 잠시 오간 사소한 말들에 곧 기분이 상해버렸다. 남편과 함께라면 편할 거라 믿었던 마음은 곧 후회로 바뀌었다. 친구와 동행했다면, 가는 길부터 설레고 유쾌했을 텐데 말이다.

다행히도 서로를 향하던 퉁명스러운 말투와 굳은 표정은, 봄바람에 흩날리는 꽃잎을 보자 조금씩 누그러졌다. 봄이지만 날씨는 이미 한여름처럼 30도에 가까웠다. 가는 길에 들른 한적한 휴게소의 나무 테이블에 앉아 컵라면과 김밥을 나눠 먹었다. 특별한 대화는 없었지만, 화사한 날씨를 눈에도 담고 사진으로도 남겼다. 꽃비가 우수수 내리는데, 그중 하나가 김밥 위에 살포시 내려앉았다. 그 모습에 감탄하고, 차창에 내려앉은 꽃잎 하나를 사진으로 남기는 사이 다퉜던 마음도 어느 정도 가벼워지는 듯했다.

어릴 적에는 꽃이 눈에 들어오지 않았다. 아마도 그 나이 자체가 순수했고 꽃이었기 때문일까. 언제부터인가 꽃이나 원색의 옷이 예뻐 보이고 감탄하게 된다. 휴대폰 배경 사진에 가지각색의 꽃 사진을 올리는 것도 나이 들었다는 증거라던 누군가의 우스갯소리가 떠올랐다. 설렐 일 없는 일상에 꽃이 위로가 되는 것을 느낀다.

드디어 목적지에 도착했다. 작은 갤러리가 있는 양평 지평의 한적한 마을이었다. 남편은 완전무장을 하기 시작했다. 얼굴에는 선크림을 허옇게 바르고, 수건과 모자를 쓰고 팔 토시까지 끼었다. 작은 칼과 비닐봉지를 챙긴 그는 주변을 살피며 조심스럽게 쑥을 뜯었다. 나는 시원한 차에 앉아 노래를 들으며 기다렸다. 그런데 십여 분쯤 지났을까. 남편이 돌아왔다. 비닐에는 쑥 전 한 번 부쳐 먹을 정도인, 쥐면 한 줌 정도의 쑥이 담겨 있었다. 쑥에 욕심이 있었던 것은 아니지만 흉내만 낼 줄은 몰랐다.

돌아오는 차 안에서 불쑥 남편이 말을 건넸다. "오늘 나쁘지 않았지?" 출발할 때의 언짢았던 기분이 잠시 떠올랐다. 솔직히, 나쁘지 않았다. 벚꽃 흩날리는 곳에서 소풍 기분을 내고, 꽃잎 하나를 잘 찍기 위해 둘이 머리 맞대고 몰입했던 시간. 그리고 시간이 멈춘 듯 한적하고 평화로웠던 지평의 작은 마을까지.

그저 날이 좋았던 하루였다.

사진,
그 유채색 순간

휴대폰 속 수천 장의 사진들. 인화를 하지 않아도 그 무게가 느껴진다. 유난히 그 무게에 마음이 흔들린 날, 한 장 한 장 들여다보며 정리를 시작했다.

처음에는 중복되거나 마음에 들지 않는 사진부터 지웠다. 비슷한 사진은 한 장만을 남기는 등 절반 넘게 버린 뒤에야 아차 싶었다. 그 기준을 오로지 얼굴이 잘 나왔는가에만 포커스를 두었던 것이다. 이러다 우리의 역사를 무심코 놓치고 있는 것은 아닌가 하는 생각이 들었다. 어느 한때의 기억을 송두리째 지워버린 듯한 기분이 들었다.

그중에는 미묘하게 원근감이 다른 사진들이 있었다. 그런 사진은 단 한 장만 남길 수 없는 것들이었다. 아이가 태어나면서부터 모든 순간의 표정을 사진에 담고자 했던 것처럼,

그날의 공기와 온도가 고스란히 담겨 있는 장면들이었다.

특히 기억에 남는 건, 어느 봄날 오후 들판의 논두렁에 웅크리고 앉아 쑥을 뜯는 남편을 찍은 사진이었다. 석양이 내려앉는 들판에 하나의 점이 된 남편의 모습을 멀게도 찍고 가깝게도 찍었다. 얼굴은 보이지 않아도 배경과 실루엣만으로 그날이 되살아나는 듯했다.

내가 찍힌 사진은 또 달랐다. 낯설게 느껴지는 것이 어딘가 모르게 다른 사람처럼 보였다. 스스로를 제3자의 시선으로 보는 느낌이랄까. 단순히 나이가 들어서라는 물리적인 의미 때문만은 아니다. 내가 아닌 것 같은 미묘함이 있었다. 내가 의도한 모습이거나 우연히 포착된 나라서 그런 생각이 드는지도 모르겠다. 사진 속 모습이 나의 일부를 분명히 담고 있지만, 그것이 나의 전부는 아니라는 모호함이 느껴졌다. 마치 내가 나를 만나는 기묘한 거울을 보는 것 같았다. 이는 내가 나를 전부 알지 못함을 깨닫게 했다.

습관처럼 찍었던 수많은 사진 속에는 '그 순간'의 흔적이 고스란히 담겨 있음을 잊고 있었다. 그 흔적들은 각자의 작은 스토리가 되어 누군가의 주목을 기다리고 있었던 것은 아닐까. 그렇게 사진을 통해 의미가 새롭게 부여되는 것을 느낀다. 지루한 일상이 하나의 스토리로, 하나의 장면으로 다가오는 순간이다.

사진을 정리하는 것은 오래된 편지를 꺼내 읽는 것과 비슷했다. 잊고 있던 감정이나 상황이 소환되면서 지난 시간들을 되새기게 된다. 어쩌면 순간을 '기억하고 싶다'는 마음의 표현일지도 모른다. 때때로 필요한 작업이라는 생각이 들었다. 방 한구석에 미처 앨범에 끼우지 못한 사진 뭉치를 방치해 두는 기분이었기 때문이다. 대나무 매듭처럼 정리하고 다시 쌓아 올려야 그 무게에 짓눌리지 않고 살아갈 힘을 얻을 수 있을 것만 같았다.

기록이 글로 남는다면, 사진은 이미지로서 더 직접적이다. 찍는 솜씨가 조금 부족해도 그럴싸하게 보이는 것은 아마도 순간의 생생함 덕분일 것이다. 사진을 찍는 것은 그 순간을 색깔 있는 기억, 유채색으로 남기는 일임을 깨닫는다. 그래서일까. 정리를 하다 보니 마치 시간여행을 하는 듯한 기분이 들었다.

어수선했던 마음은 앙금으로 가라앉고 있었다.

마법의 주문

　어디선가 꽃향기가 났다. 숨을 깊게 들이마시니 밤공기에 아카시아 향이 묻어 있었다. 5월 한낮 더위는 제법 강렬했지만 해가 지고 나니 더운 기운은 전혀 느껴지지 않았다. 공기는 달콤했고 잔잔한 바람은 향기로웠다.
　저녁 산책길의 그 순간, '지금'이 주는 충만한 즐거움이 온전히 느껴졌다. 카페 통유리 밖으로 바라보는 강물, 책 속 한 문장에 마음이 닿는 순간, 노을이 하늘을 물들이는 저녁. 삶은 이렇게 소소한 순간들이 모여 완성되지 않던가.
　요즘 유독 '기쁨'과 '즐거움'이라는 단어에 마음이 간다. 누구나 나이를 먹지만, 그 때문에 나도 모르게 얼굴이 굳어지고 일상에 심드렁함을 느끼기 때문이다. 미추를 떠나 얼굴은 그 사람이 걸어온 여정을 말해준다는데, 이러다가는 내 얼굴에 그런 표정의 인상이라도 박힐까 두려워진다. 삶이라는 것도 따지고 보면 여자의 아름다움처럼 결국은 소모되는 것이라는 사실을 문득 깨닫는다.

《마크 트웨인 여행기》에서 이탈리아를 여행 중이던 그는 '가장 고귀한 기쁨을 주는 것은 무엇일까'에 대해 질문한다. 그는 '다른 어떠한 경험이 가져다줄 수 있는 것보다 더 가슴을 자부심으로 부풀어 오르는 여러 발견'들에 대해서 말한다. 즉, 대단한 생각이나 지적인 보물을 발견해 내는 일이라고 말이다.

그러나 오늘 내가 바라는 기쁨은 그가 말한 대단한 것도, 거창한 것도 아니다. 그저 평범한 하루 속에서 불쑥 고개를 드는 소박한 행복들이다. 영화 〈리미트리스〉의 주인공처럼 알약 한 알 먹어 하룻밤 만에 소설을 완성하는 것 같은 기적을 바라는 것도 아니다. 누구나 원하는 모든 것을 이룰 수 있는 삶은 소설이나 영화 속에서나 존재할 테니 말이다. 단지 바라는 것은 오늘 저녁처럼 '이만하면 괜찮다'는 생각이 드는 알짜배기 순간을 알아차리고 음미하는 것이다.

오늘 나는, 가장 좋은 것이 가장 평범한 모습으로 가까이 있음을 경험했다. 향긋한 밤공기는 소소하지만 완벽에 가까운 행복의 감각을 주었다. 어차피 삶은 셀프라고, 생각대로 살게 된다는 글을 읽은 적이 있다. 그렇다면 즐거움을 주는 소소한 순간들을 하나하나 꿰어가며 살면 되지 않을까. 내 인생의 장르는 이왕이면 기쁘고 즐거운 에세이라면 좋겠다. 그렇다고 해서 삶의 그늘이 전혀 없기를 간절히 기도하지는 않는다. 다만 그 무게가 덮쳐올 때, 조금은 유쾌한 시선으로 나를 돌아보고 다스릴 수 있기를 바랄 뿐이다. 그런 의미에서 마음속으로 작게 중얼거려 본다.

'샬라카둘라, 매치카둘라, 비비디바비디 부~'

오늘의 나에게 건네는, 아주 사소하지만 확실한 마법의 주문이다.

욕망을
부추기는 달

 아카시아 향이 물러난 자리에 밤꽃 향기가 자리를 잡는다. 특유의 비릿한 향은 호불호가 갈린다. 그 비릿함이야말로 6월임을 실감하게 한다. 어릴 적 살던 집은 산 아래에 있었고, 학교에서 돌아오는 길마다 그 향이 진하게 스며들곤 했다. 훗날 그것이 남자 냄새로 불리는 사실을 알고는 신기하면서도 어린 마음에 경악했던 기억이 있다.
 옛말에 따르면, 수절과부들은 송곳으로 허벅지를 찌르며 혹독한 겨울은 견딜 수 있어도, 밤꽃 냄새가 진동하는 6월만큼은 참아내기 힘들었다고 한다. 평소 새침하던 여인도 밤나무 숲을 함께 걷다 보면 남자의 구애를 순순히 받아들였다고 하니, 믿거나 말거나 의미심장한 향이 아닐 수 없다. 물론 시대를 막론하고 남녀의 애정 행각에 시기가 따로 있을까마는, 특히 6월의 공기에 깃든 냄새로 인해 연상되는 장면이 유난히 야릇하게 느껴진다. 오죽하면 6월을 불륜의 달이라고 불렀을까.

문득 예전에 무심코 봤던 영화 팸플릿 문구가 떠올랐다. 영화가 내세우는 주제가 '성(sex)'이었는데 "그곳에서는 언제나 밤꽃 냄새가 가득했다."라고 쓰여 있었다. 실제 밤꽃 향에는 스퍼미딘과 스퍼민이라는 성분이 들어 있는데 이는 동물의 정액에서 처음 발견된 물질이라고 한다. 그러니 그 은유가 전혀 억지스럽지 않다.

모든 식물의 꽃과 열매가 그렇듯, 밤꽃 냄새가 가득한 시기가 지나야 맛있는 밤을 맛볼 수 있다. 사람도 남자와 여자가 만나 사랑을 하고 그 결실로 아기가 태어나는 것처럼, 자연이 만들어 내는 그 오묘한 이치가 새삼 경이롭게 느껴진다. 만물의 본능은 결국 생존 자체이며, 의미를 더한다면 생명력의 발현일 것이다.

그래서일까. 후각으로 맞이하는 6월은 특별하게 여겨진다. 무엇보다 강한 생명력이 눈에 띄는 달이다. 길을 걷다 보면, 성별과 상관없이 이십 대 초반의 아름다운 사람에게 본능적으로 시선이 간다. 젊은 날엔 젊음을 모른다고, 나이 들어서야 그 싱그러움이 보이는 것이다. 어릴 적에 듣기 싫었던 말 중에 "한창 좋을 때야." 하는 말이 있다. 왜 어른들은 저런 말을 할까 생각하곤 했었다. 지금도 윗세대한테 간혹 듣고는 있지만 그때와는 질적으로 다르게 느껴진다. 그 시절의 나를 투영하고 싶어질 만큼 그들의 싱그러운 생명력은 초록의 달을 닮았기 때문이다.

살아 있음을 느껴야 할 절대적인 욕망을 날씨가 부추긴다고 했던가. 햇살이 눈부신 날, 눈이 오는 날, 무더운 여름과 뼛속 깊이 추운 날에 따라 기분이 다르고 하루가 달라진다. 비가 내린 다음 날, 대기가 투명해진 청명한 하늘을 마주하는 아침의 설렘은 또 얼마나 특별한가.

문을 열어둔 집 안으로 짙은 밤꽃 향이 바람을 타고 밀려 들어 온다.

지금 이 순간, 살아 있음을 가장 강렬하게 느끼게 하는 나의 절대적인 욕망은 무엇인가.

금줄 잇듯이

 산속의 밤, 어둠이 완전히 잠식한 산 정상이었다. 하늘에는 별들이 흩뿌려진 듯 반짝이고 있었다. 여름이 시작될 무렵부터 은하수가 보고 싶었다. 지상이 어두울수록 더 잘 보이는 별, 불빛 하나 없는 깜깜한 시골에서 더욱 선명히 보이는 것은 당연했다. 사막이나 몽골에서는 그야말로 쏟아진다는 표현이 맞겠구나 싶었다.

 천문대 도착 후, 본격적인 관측에 앞서 천문학자의 손에 들린 레이저 포인터를 바라보고 있을 때였다. 우리는 누구라 할 것 없이 탄성을 질렀다. 포인터 끝이 너무도 간단히 별에서 별로 금줄을 만들어 내고 있었기 때문이다. 별들 사이를 종횡무진 이어가는 그 빛줄기를 보며, 마치 하늘이 둥근 칠판처럼 느껴졌다. 상상조차 할 수 없는 먼 거리겠지만,

만약 그 끝이 갈고리로 되어 있다면 톡 찍어 별을 딸 수도 있을 것만 같았다.

다시 바라본 밤하늘. 실외 망원경으로 달과 목성, 화성을 관측했다. 생각보다 크지는 않았지만, 책에서만 봤던 크레이터나 고리의 모양이 선명하게 보이자 우주의 존재가 실감 되면서, 두려운 경외감마저 느꼈다. 비록 우리는 먼지보다 작은 존재지만, 분명 우주와 이어져 있다는 증거를 마주한 순간이었다. 새롭게 알게 된 사실도 있었다. 망원경은 단순히 크게 보이게 하는 돋보기가 아니라, 더 밝게 보이게 하는 원리라는 것. 시력이 나쁜 사람이 안경을 쓰듯 우주를 바라보는 안경인 셈이었다.

로봇 태권브이가 나오는 입구처럼 생긴 돔 형태의 관측실에서 천장에 조준된 거대한 망원경으로 본 직녀성은 마치 다이아몬드 같았다. 누워서 마음껏 하늘을 보고 싶은 마음이 간절해졌다. 저 빛은 도대체 얼마나 오랜 시간을 날아왔을까. 수억, 수십억 년 전의 별빛이라 하니 그 세월은 인간이 상상할 수 있는 범위를 훨씬 넘을 것이다. 그 빛에 비하면 인간의 삶은 찰나보다도 짧음을 느낀다. 그래서일까. 모든 순간에 겸허히 너그러워져야겠다는 마음이 들었다.

별이 빛나는 이유는 밤하늘을 밝히기 위해서가 아니라고 한다. 자신의 에너지를 소모하는 과정에서 그 고갈의 표시로 빛이 발생하는 것이라고. 즉, 빛이란 에너지 소진의 흔적이다. 문득, 옆에서 빛나고 있는 인간을 부러워할 필요 없다는 어느 작가의 말이 떠올랐다. 심하게 움직이면 열이 나고 그 뜨거움에 스스로도 견디기 힘들 것이라는 말처럼, 화려해 보이는 삶 속을 들여다보면 결코 그렇지 않다는 것이다. 빛은 반드시 행복의 증거가 아니라는 이야기였다.

가끔은 살다 보면 자신이 작고 초라하게 느껴질 때가 있다. 하지만 그럼에도 나로서 빛나는 순간이 있었다는 것. 어쩌면 지금 이 순간도 의식하지 못할 뿐 빛나고 있을지 모른다. 부디 그 순간들을 잊지 않고 살아가고 싶다. 화려하지 않은 지금이라도, 이 자체로 귀하다는 것을 동행한 아이에게 말해주고 싶었다. 별에서 별이 금줄로 이어지듯 아이와는 탯줄로 시작된 인연이니 말이다.

차가운 바람이 한차례 스쳐 갔다. 바람 사이로 본 별들은 유난히 빛났다. 별이 빛나는 이유를 알아서일까. 바람에 스치는 별빛이 애틋하면서도 사랑스럽게 여겨졌다.

어둠이 깊어가는 줄도 모르고, 그 하늘 속으로 하염없이 빠져 들었던 밤이었다.

옥수수

옥수수를 먹고 탈이 난 줄 알았다. 말로 다 표현할 수 없는 통증이 파도처럼 밀려왔다. 배를 움켜쥐고 누웠다가, 일어나 앉았다가, 다시 몸을 말고 누웠다. 어떻게 해야 할지 알 수가 없었다. 무더운 여름날 온몸에서는 땀이 흘렀지만 방바닥과 배는 유난히 차가웠다. 배탈과는 미묘하게 다른 느낌이었다.

화장실을 들락날락하며 기운이 다 빠져갈 무렵, 흰 팬티에 동백꽃처럼 붉은 꽃이 피어 있었다. 열네 살 그해 여름 나는 여자가 되었고, 한 달에 한 번씩 마법에 걸리기 시작했다.

사전 지식이 없었던 나는 가슴이 철렁 내려앉았다. 무슨 죽을병에 걸린 것은 아닐까 겁부터 났다. 고심 끝에 언니에게 조심스레 털어놓았다. 언니는 가지고 있던 분 냄새 짙게 나는 패드를 건네주었다. 그제야 다소 안심이 되면서 궁금증이 몰려왔다. '배는 얼마나 아픈 건지, 며칠 동안 나오는 건지, 제대로 걸을 수는 있는 건지, 그것이 흐를 때 소변은 어디로 나오는지, 그 기간 동안 소변이 전혀 나오지 않으면 어찌해야 하는 건지 걱정이 태산 같았다.

언니의 대답을 들으며 문득 언젠가의 일이 떠올랐다. 다른 반 여선생님이 나를 슬그머니 불러서 약국 심부름을 시킨 적이 있었다. 작은 메모에는 'Kotex'라는 영어 단어가 적혀 있었다. 영어를 배우기 전이었지만 그 글자는 이상하게도 뇌리에 박혔다. 약사에게 메모지를 보여주니 신문지로 감싼 뭉치를 내주었다. 대놓고 들은 적은 없어도 그게 무엇인지는 직감으로 짐작했다. 엄마가 붉은 물이 든 작은 기저귀를 빠는 모습을 여러 번 본 적 있었기 때문이다. 숫기 없고 조용했던 나는 선생님 반 학생도 아니었지만, 발설의 염려가 없었고, 그 은밀한 비밀을 선생님과 공유한다는 사실에 으쓱해지는 기분이었다.

그때 나는 나의 은밀한 비밀을 아버지에게는 절대 말하지 말라고 엄마에게 신신당부했다. 왠지 치부를 드러내는 듯한 수치심과 부끄러움, 감춰야 하는 더러움으로 여겼던 것이다. 생일잔치만큼이나 공공연하게 축하하고, 당연하게 받아들이는 요즘 풍경은 상상조차 할 수 없었다.

매미 소리가 유난히 가까이 들려 창밖을 보니 베란다 방

충망에 한 마리가 붙어 있다. 마침 쪄낸 옥수수를 하나씩 먹으며 잠시 그해 여름을 떠올렸다. 아쉽게도 여자로서의 마법은 이제 풀려버렸다. 어떤 의미에서 가끔은 지니의 요술 램프라도 불러내고 싶은 순간이 있다. 혹시나 옥수수를 많이 먹으면 그 마법을 다시 불러올 수 있을까.

 이런 내 속도 모르고, 옆에서 남편은 오늘 주문한 옥수수 한 자루가 곧 도착할 것이라고 말하고 있다.

여름

매미의 울음

 막바지 여름이 아쉬운 듯 매미는 모질게 울고 있다. 미처 다 풀어내지 못한 여름에 미련이 남았던가. 나뭇가지에서 보내는 단 15일의 삶이 기대만큼 만족스럽지 않았던 것일까. 지난 7년간의 땅속 생활을 돌아보면, 어쩌면 그곳에서의 시간이야말로 진정한 삶이었는지도 모른다. 그곳은 아늑하고 안전했을 테니, 왜 이 험한 바깥세상에 나와 고단하게 살아야 하는지 자신들의 운명이 서글프기 그지없다.
 목청 터지도록 애달픈 구애로 살아낸 여름이 눈앞에 그려진다. 목적했던 절절한 구애는 이루었다 해도, 암컷 주변을 맴도는 늑대 같은 수컷들로 가득한 세상이었다. 눈뜨고도

코 베이는 삶, 생사를 넘나드는 위험, 시시각각 무심한 인간들에게 밟히는 상처로 점철된 나날이었다. 상처도 너무 크면 남는다고, 그것이 매미의 숙명이었을까. 절규와도 같은 그 울음소리에는 어쩔 도리가 없다.

암컷의 삶도 다르지 않다. 일생에 단 한 번, 진한 사랑 나누어 결실을 맺었다. 이제 어떻게든 살아보려 하는데 한세상의 마지막이 임박해 있으니, 어찌 여름이 절박하지 않겠는가. 주어진 삶, 온전히 받아들여야 하는데 그러기에는 턱없이 짧은 인생이다.

멈춘 듯, 힘없이 다시 우는 울음소리에 서러움이 묻어난다.

바람이 지나는 자리

집 안 어딘가, 바람이 지나는 자리를 찾아냈다. 그곳에 앉아 오가는 바람과 창밖 하늘을 바라보며, 예년과 달리 한결 수월한 여름을 보냈다. 창밖 낮은 야산 위로 펼쳐진 구름과 하늘은 이곳을 지나는 바람만큼이나 변덕이 심했다. 숨 막힐 듯 무더운 날이면 구름조차 꼼짝하지 않는다. 그러다 순식간에 어두워져 소나기가 한바탕 퍼붓는가 싶으면, 어느새 푹푹 찌는 하늘이 펼쳐졌다.

여행길에 만난 대관령 하늘이 떠오른다. 하늘 아래 첫 바람의 언덕답게, 넓은 시야와 세찬 바람은 가슴 응어리조차 덧없게 만든다. 높은 하늘과 광활한 초원은 반원을 마주 엎어놓은 듯 맞닿아 있었다. 우주의 먼지보다도 작은 존재가 사람이라지만, 그곳에서는 누구나 지구의 구심점에 떡하니 서 있는 거인의 존재감을 느낄 수 있다. 그곳에서 나는 전생에 만주벌판을 호령하던 어느 왕의 금지옥엽 외동딸이었음을 상상했다. 아버지 대왕의 피를 이어받아, 아름다움은 기본이고 기개 충만한 여장부의 포부가 내가 모르고 살아온 또 다른 나로 여전히 내 안에 도사리고 있을지도 모를 일이다.

사람의 삶 역시 매미의 삶처럼 한바탕 꿈인 것일까. 그곳은 유한한 삶을 잊게 만드는 무한한 공간이었다. 문득, 세찬 바람 속에 피어난 가녀린 야생 꽃무리와 그 하늘을 한없이 바라보던 서늘한 시야가 그리웠다.

처서가 도착한 오늘, 그곳에는 이미 가을이 훌쩍 들어서 있을 것이다.

처연한 여름

　인내할 수밖에 없는 길고 긴 여름을 보내고 나니, 한해가 다 지나간 듯한 허탈감이 밀려왔다. 여름이 우리에게 빌려 준 시간은 너무 짧다고 누가 말했던가.
　예전에는 여름이면 뭔지 모르게 설레었다. 여름의 무성함은 무엇이라도 이루어질 것 같은 예감을 주었고, 아무 일 없어도 좋은 일의 기운이 사방에 널려 있는 듯했다. 이글거리는 한낮의 태양조차도 여름이기에 치열해야 한다고 말하는 듯했다. 그래서였는지 사랑이 다가왔을 때 주저하지 않았다. 사강, 루이제 린저 등을 밤새워 읽은 덕분에 사랑의 감성이 충만했던 청춘이었다. 짝사랑에 아파도, 마주하는 사랑에 겨워도 그때 아니면 못 할지도 모르니 후회 없어야 한다고 생각했다. 사랑이 부질없다 해도 여름은 사랑과 열정의 계절임에는 틀림없었다.
　무성했던 여름은 이제 한 줌씩 빠져나가는 윤기 없는 머리털과도 같다. 그토록 호기롭던 여름은 쇠락의 기운이 완연하다. 휴가 떠난 뒤의 텅 빈 거리와는 또 다른 허전함이 남았다. 그 거리에는 그래도 매미의 찐한 울음이 있고 바람이 지나는 자리, 지글거리는 오후의 풍경이 있지 않았던가.

이상한 날들

 세상은 변하고 있었다. 암 투병을 하던 동생을 한 줌 재로 묻고 돌아온 다음 날부터, 세상은 전혀 다른 얼굴로 변하기 시작했다. 그야말로 바이러스 관련 재난 영화를 보는 것만 같았다. 아이러니하게도 코로나는 세상만사에서 두문불출하고 싶었던 내게 명분 아닌 명분이 되었다. 시도 때도 없이 울컥했던 날들이었고 무엇보다 애도의 시간이 절실했다.
 그녀가 가고 삼 개월이 지나고 있다. 여전히 내 손에는 생명이 다한 육체에 남아 있던 온기가 선명하게 느껴진다. 누구에게 무슨 일이 있든 아랑곳하지 않고 돌아가는 세상, 그리고 '시간은 흐르고 지나가기 마련'이라는 상투적인 말로 스스로를 위로하고 싶지 않았다. 그저 말없이 곁에 있어 주는 온기만이 필요했다.

절절히 가까웠던 사이도 아니었고 마지막에는 치를 떨 만큼 오만 정을 떨어뜨리게 해놓고 가버린 동생이었다. 그러나 미웠던 그것들이 결국 아무것도 아님을, 시간이 지나면서 알게 되었다. 장례를 치르면서, 그리고 시간이 흐른 뒤에도 누군가의 위로가 간절했다. 한편으로는 지금껏 살아오며 나는 타인에게 어떤 위로를 건넸는지 되돌아보게 되었다. 아마도 딱 내가 받지 못한 만큼의 크기로 해준 것이 없다는 생각이 들었다. 겪고 나서야 곁에 있는 그들에게 향하는 나의 형편없는 무심함을 발견했다.

애도의 심정과 함께 코로나 시국은 무엇이든 손에 잡히지 않은 날들을 가져다주었다. 방역을 이유로 사회적 거리두기가 시행되면서 선뜻 사람을 만날 수도 없었다. 개인적으로도 책이 읽히지 않았고 단 한 글자도 쓸 수가 없었다. 마스크와 비상식량을 비축해 둬야 하는 것은 아닌지 전쟁에 준하는 위기감마저 감돌았다. 언제부터인가 아무것도 하지 않고 있으면 불안해지는 증상은 사회적 분위기에 편승해 그럴듯하게 합리화되었다.

물론, 방역 현장에서 치열하게 고생하는 의료진이나, 곳곳에서 죽음을 맞는 이들을 생각하면 나는 안이한 상황일지도 모른다. 그럼에도 살아내야 하기에 지속되는 쓸쓸한 날들을 달래줄 무언가 달콤한 것을 갈망했다. 가벼운 일상적

외출로는 턱없이 부족했다. 지리멸렬한 일상을 벗어나게 해 줄 무언가가 간절했다.

　겨울 끝자락이 지나고 봄이 스쳐 간 계절은 어느덧 여름의 문턱에 성큼 다가섰다. 하루가 다르게 오르는 기온 탓인지, 답답함은 더해졌다. 최근 몇 년 동안 개인적으로도, 사회적으로도 굵직한 사건들을 스펙터클하게 겪고 있다. 살면 살수록 이런 날들이 지속되는 것은 아닌지 불안해진다.

　어느 수필가의 글에서 "다음 날을 위하여 한 길은 남겨둬야 한다."는 말을 읽었다. 하루를 다 써버리면 내일은 들어설 문이 닫혀버린다. 그러니 한 줄기 바람, 한 움큼의 길, 한 조각의 마음은 다음 날을 위하여 남겨두어야 한다는 것이다. 삶에 대한 태도나 정신적인 여유, 내일을 위한 배려를 의미하는 말로 이해가 된다. 남겨진 그 길 위에서 우리는 다시 걸을 수 있고, 살아갈 수 있으니까. 그 말을 조금은 의심하면서도, 결국 지금 주어진 삶을 받아들이며 살 수밖에 없음을 느낀다. 개인적인 위로와 애도가 필요하고, 시국의 답답한 상황을 견뎌야 하는 지금.

　이상한 날들이라도, 이것이 곧 삶이 아니던가.

제5장

일상 Ⅱ

삽화 한 점

 기억 속 어떤 장면은 시간의 먼지 속에서도 이상하리만치 선명하게 남아 있다. 그 장면이 특별해서가 아니라, 그때 느낀 감정이 너무 강렬했기 때문이다. 어린 시절의 나는 상상력이 풍부했었다. 그중 무서운 이야기는 오래도록 그 상상 속에 머물게 했다.

 도저히 참을 수가 없었다. 그렇다고 수업시간에 화장실 가고 싶다고 말할 용기는 더더욱 나지 않았다. 지금도 그렇지만 그때의 나는 지나치게 숫기 없고 낯가림이 심한, 있는 듯 없는 듯 조용한 아이였다. 초등학교 입학한 뒤 한두 달은 수업이 끝날 때까지 참았다가 집에 가서 해결하곤 했다. 보통은 그렇게 버틸 수 있었다. 하지만 그날은 달랐다. 여느

때보다 강도가 심했다. 어쩌다 학교에서 의자에 앉은 채 실수하는 친구를 이해할 수 없었는데, 막상 내가 그 상황의 주인공이 될지도 모른다고 생각하니 눈앞이 캄캄해졌다.

의자에 앉은 채 온몸을 비비 꼬며 필사적으로 버텼다. 쉬는 시간을 알리는 종소리를 막연히 기다릴 수만은 없었다. 노랗다 못해 창백하게 질렸을 얼굴로 엉거주춤 교단 앞으로 걸어갔다. "저… 너무 급해요." 짧게 말한 뒤 선생님의 대답을 듣기도 전에 교실 문을 열고 나왔다. 수업 중인 복도에는 아무도 없었다. 혹시나 다른 반 수업을 방해할까, 아니면 수업 시간에 어디를 나와 돌아다니느냐, 누군가 호통을 칠까 두려워 윤이 나는 마룻바닥을 발끝으로 살금살금 걸었다.

일단 화장실로 향했다. 그곳은 온갖 괴담의 진원지였다. 학교에 다닌 지 꽤 되었지만, 나는 그날이 되어서야 처음 그곳에 발을 들였다. 양옆으로 칸칸이 문이 늘어선 입구에 서서 선뜻 안으로 들어가지도, 그렇다고 돌아서지도 못했다. 가까운 칸의 문을 살며시 열어보았다. 바닥에 직사각형으로 뚫린 재래식 변기가 보였고, 그 속은 깊고 끝이 보이지 않는 어둠이었다.

그 안에 말로만 듣던 '빨간 손'과 '파란 손'이 눈을 번뜩이며 웅크리고 있을 것만 같았다. 그 손들이 불쑥 뻗어 내 엉덩이를 스칠지도 모른다고 생각하니 뒷머리가 쭈뼛 서고 등

골이 오싹해졌다. 재래식 화장실 귀신 이야기는 한국과 일본 모두에게서 전해진다. '빨간 휴지 줄까, 파란 휴지 줄까'라는 질문은 각각 피의 색과 파랗게 목이 졸려 죽는다는 것을 의미한다고 한다. 아이들 사이에서는 그나마도 수많은 버전으로 패러디되며 떠도는 이야기들이었다.

아마도 꼬꼬마 시절부터 동네 언니들에게서 들은 무서운 이야기들과 인상 깊게 읽은 동화책의 영향 때문이었을 것이다. 마녀의 관, 파란 수염처럼 살해당한 여자나 지하실에 묻힌 검은 고양이 이야기가 머릿속에서 현실과 뒤섞여 구분되지 않던 나이였다. 그 기억이 워낙 강렬해서 재래식이던 집 화장실에 가는 것은 고역이었다. 낮이면 그나마 괜찮은데, 밤이 문제였다. 자고 있는 동생을 깨워 화장실 한쪽에 세워두곤 했다. 동생은 투덜거리면서도 코를 막고 한쪽에 서서 기다려 주곤 했었다.

결국, 변기 속을 한번 들여다본 뒤, 결연히 문을 닫고 나왔다. 쉬는 시간도 아니고, 아무도 없는 으스스한 그곳에 들어갈 용기가 없었던 것이다. 사실, 어른이 된 지금도 아무도 없는 공중화장실 칸칸이는 선뜻 들어가기 겁이 난다. 꿈속에도 단골로 등장하는 장소이기도 하다. 당시 내가 다니던 초등학교는 건물이 여러 동으로 나뉘어 있었고, 나는 그 주변을 은밀히 살피기 시작했다. 머릿속은 온통 한 가지 생각뿐이었다.

'어디 적당한 곳이 없을까'

결국, 사람 한 명 오가지 않는 한적한 건물 벽 아래에서, 부끄러운 삽화 한 점을 그리고야 말았다.

그녀의 원피스

 며칠이나 지났을까. 빛 한 줄 들지 않는 옷장 속에서 날짜는커녕 시간조차 가늠할 수 없다. 네이비 색 내 몸의 자잘한 흰 꽃무늬는 윤기를 잃고, 허리선은 힘없이 늘어져 있다. 구겨질 대로 구겨진 내 주름 때문에 기분이 한없이 처진다. 그녀는 왜 나를 이렇게 오래 방치하는 걸까. 요즘 그녀는 무슨 생각으로 살고 있는 걸까. 무심한 그녀에게 서운한 마음마저 든다.

 나는 그녀의 원피스다. 나를 입는 순간 그녀는 원하는 정체성을 드러낸다. 단순히 옷을 걸친 게 아니라 특별한 모습이 된다. 조금 더 당당하고 조금 더 설레는 사람이 된다. 가벼운 리넨과 코튼으로 만들어진 내 몸은, 바람이 스칠 때마다 그녀를 시원하게 감싸준다. 그것만으로도 내 존재는 충분히 가치 있다.

세상에 그녀를 설레게 하는 것들은 많겠지만, 특히 옷장 속에서 나만큼 그녀의 마음을 사로잡는 것은 드물다. 처음 그녀가 나를 발견했을 때, 오랫동안 장바구니 속에 넣어두다가 어느 날 무엇에 이끌린 듯 구매했던 날을 기억한다. 망설인 이유는 조금 비싼 가격과 그녀 자신의 신체적 조건 때문이었을 것이다. 그럼에도 큰마음 먹고 나를 선택했다. 아마도 어릴 적부터 옷이라는 존재에 품었던 허기가 아직도 가시지 않은 듯했다.

최근 몇 년 전부터 그녀는 한이 맺힌 듯 옷을 사들이기 시작했다. 계절별로 어느 정도 구색을 맞춰놓고는 뿌듯해하는 모습이 꼭 어린아이 같았다. 값비싼 명품도 백화점 제품들도 아니었다. 보세나 구제 옷이 대부분이었지만, 덕분에 더는 옷 걱정을 하지 않게 되었다니 왠지 안쓰럽기도 했다. 심지어 여한 없다고까지 말한다. 이 정도는 사치도 아니라고 지인에게 말하는 것을 언젠가 들은 적도 있다.

사람들은 외면보다 내면이 아름다워야 한다고 말하지만, 나는 그렇게 생각하지 않는다. 나로 인해 그녀가 자신감을 갖는다면 그것 역시 내면만큼 중요하지 않을까. 거부할 수 없는 자부심인 것이다. 마치 얼굴 성형이 주는 긍정적인 변화처럼 말이다.

하지만 요즘 그녀의 몸은 조금씩 변해가고 있다. 예전처럼 허리선이 딱 맞지 않고, 어깨도 조금 굽어 있다. 얼굴은 동글다 못해 네모가 되어가고, 가슴은 처지고 배는 볼록하다. 거스를 수는 없는 중력과 늘어남의 법칙을 착실히 따라가는 중이다. 사진 속 모습은 맵시보다 어딘가 엉성한 느슨함이 먼저 눈에 들어온다. 그 모습이 민망해 외면하고 싶을 때가 있다. 나를 이 옷장 속에 가둔 이유라고 이해해 보려 하지만 서운함은 가시지 않는다.

얼마 전 옷장 문이 열리는 순간, 긴장했다. 그녀의 눈빛이 예전과 다름을 느꼈다. 자신감을 잃은 듯 의기소침해 보였다. 그녀의 당당하고 자신감 넘치는 모습이 보고 싶었다. 그 눈빛이 내게 머무를 때 '혹시' 하는 불안이 스쳤다.

한편으로, 어느 책에서 설레지 않으면 버리라고 했는데, 순간 가슴이 철렁 내려앉았다. 설마 버려지는 것은 아닐까. 그녀는 일상이 무질서할 때마다 옷장부터 정리하는데, 드디어 그날이 온 모양이다. 혹시 더 이상 햇빛 한 번 보지 못한 채 초록색 폐의류 통으로 던져지는 것은 아닐까. 나를 주저 없이 선택했던 것처럼 주저 없이 버리는 것은 아닐까. 인생이 이렇게 끝나는구나 생각하니 삶이 허망했다.

잠시 정신을 놓았던가, 눈을 감고 있는 사이 엄청난 속도감과 진동이 몰려왔다. 이어 한바탕 물이 쏟아지고 부드러운 살랑임이 몸을 감쌌다. 오래 잊고 있던 상쾌하고 개운

한 기분에 눈을 떴다. 눈앞에는 눈부신 햇살과 탁 트인 세상이 펼쳐져 있었다. 오늘은 해가 서쪽에서 떴는지 그녀가 나를 햇살 가득한 베란다에 널고 있다. 바람에 흔들리며 꽃무늬가 반짝일 때, 나는 다시 태어난 듯한 기분이었다. 그녀의 외출 조짐에 덩달아 기분이 좋아졌다.

거울 앞에 선 그녀는 나를 입고 몸을 이리저리 돌려본다. 그 몸짓만 봐도 가슴이 설렌다. 그녀의 얼굴에는 오랜만에 미소가 번졌다. 몸매는 예전과 조금 달라졌을지 몰라도, 나를 통해 자신감을 조금은 회복하는 듯했다. 한없이 뿌듯했다.

나는 여전히, 그녀를 설레게 하는 원피스였다.

그림을 그리듯

 지인들과 자유주제로 그림을 그려 매일 SNS에 올리기로 했다. 엉성하게 그린 그림들을 보면, 나와 화가들은 다른 세상의 공기를 마시는 사람들 같다. 그들의 그림은 사물의 특징을 단번에 포착해 유려하게 표현하는 반면, 내가 그린 것은 선 하나도 어색하다.

 우선 조그만 스케치북과 색연필을 준비했다. 기초 교본을 구입해 한동안 좌우 대칭 선 긋기를 반복했다. 익숙해지면 일상의 풍경쯤은 거침없이 그릴 수 있을 줄 알았다. 사진처럼 똑같이 옮겨야 한다는 강박만 버리면 어떻게든 될 것 같았다. 그러나 단순한 기초연습은 생각보다 지루했다. 제대로 그리기 위해 얼마나 긴 시간이 필요할까.

 그러다 문득, 재능이나 기술만이 전부가 아닐지도 모른다는 생각이 들었다. 중요한 것은 '바라보는 눈'이 아닐까. 화가의 시선은 분명 나와는 다를 것이다. 평범한 사물에서도 자신만의 시선으로 독창적인 그림을 발견하고, 익숙한 풍경도 낯설게 바라보며, 낯선 풍경도 무심히 지나치지 않는다. 전시회에서 사람들이 그림을 오래도록 바라보며 거리를 달리하는 모습을 본 적이 있다. 그린다는 것은 감상할 때처럼 오래 바라보는 일인지도 모른다.

앙리 마티스는 "내가 그림을 그리는 까닭은 감정을 묘사하기 위해서다."라고 말했다. 그림을 그리는 과정은 스스로에 대해 깨닫는 여정과도 같다. 색을 더해 형체가 나타나며 붓을 놓을 때 비로소 어떤 마음으로 그것을 마주했는지 깨닫게 된다. 바로 구도의 순간이다. 글과 그림, 표현 방식은 달라도 모두 내면의 세계를 꺼내는 일이다. 글은 한 글자 한 글자 써 내려가며 자신을 해석한다. 과거와 현재, 미래, 심지어 상상까지 기록하다 보면 자연스레 자신을 이해하게 된다. 그렇기에 성찰과 여운이 없는 글, 그늘이 없는 글은 깊이를 느끼기 어렵다.

그림은 완성해 가는 과정 속에 화가의 끈기 있는 시선과 시간이 쌓인다. 화가의 마음과 시선이 완성작 속에 배어드는 이유다. 오래 응시하지 않고 그린 그림에서 과연 깊이를 느낄 수 있을까. 화폭의 밝음과 어둠이 그러하듯, 삶의 그늘을 딛고 일어선 경험만이 성숙한 경지에 다다른다.

  그림을 그린다는 것은 생각의 궤적을 글로 옮겨내고자 하는 갈망처럼, 마음속 이야기를 시각화하는 일이다. 구름 한 조각, 꽃 한 송이, 바다의 수평선, 연필 한 자루 속에서도 생동감을 본다. 때로는 강약조차 느껴지지 않는 선에서도 화가의 마음을 읽는다. 잘 알지 못하면서 왜 그렇게 느껴질까. 어쩌면 그것이 나만의 시선이기 때문일 것이다. 글이든 그림이든 창작자의 숨결을 느끼는 것이 감상의 본질이다.

  나는 어떤 그림을 그릴 수 있을까. 유려한 붓놀림이 아니어도 나만의 눈으로 사물의 본질을 포착하고 싶다. 그러기 위해서는 오래 바라보는 것은 필수다. 어릴 적, 검은 종이에 돋보기를 들고 인내심 있게 기다려 햇빛을 모으던 기억이 떠오른다. 느릿하게 모인 빛이 종이를 태우고 모락모락 연기가 피어오르던 순간처럼, 그렇게 내 안에 웅크린 감정과 생각들을 끌어내고 싶다.

  겨우 선 긋기 연습을 하면서도 마음만은 이미 화가가 된 듯하다. 타고난 재능은 없어도, 그림 그 자체를 즐기는 것만으로 충분히 의미 있다. 마음이 풍요로워지는 느낌이다.

  그림을 그리듯, 삶을 바라보고 싶다.

나만의 취향

기분이 좋아진다는 책을 추천받았다. 모임의 일원들은 저마다 반가워하며 책을 사고, 도서관에서 빌리고, 소장한 친구에게 빌리기도 했다. 읽어야 할 책이 쌓여 있어도 잘 읽히지 않는 요즘이었지만, 기분이 좋아질 거라는 기대감에 얼른 책을 펼쳤다.

책 읽기는 어릴 적부터 나의 유일한 놀이이자 취미였다. 초등학교 입학 전, 엄마가 사 준 오십 권 전집이 그 계기였다. 동화, 추리, 탐험, 상식 등 여러 장르가 섞여 있는 전집을 얼마나 읽었던지 페이지가 너덜너덜해질 정도였다.

한때는 쌓아둔 권수만큼이나 행복을 확보한 것 같았고 몰입의 즐거움을 느낄 수 있었다. 마음에 닿는 문장을 만나면 그 절묘함에 감탄하며 메모장에 발췌했다. 스쳐 가던 상념

들과 채워지지 않은 갈망들, 하루의 미련들이 하나의 흐름으로 정리되는 듯했다. 무엇보다 읽고 나면 진한 여운에 며칠을 살 수가 있었다.

그러던 것이 언젠가부터 문장의 의미가 다가오지 않았다. 읽지 않으니 감성도 사라지고 있었다. 나를 지탱해 주는 중심축이 없으니 바람에도, 햇살에도, 누군가의 가벼운 말에도 쉽게 흔들렸다. 세상의 잡담에 휘둘리지 않고 자기만의 척도로 살고 싶다면 책을 읽으라고 했던 어느 작가의 말이 뼈저리게 생각나는 요즘이었다.

24절기를 다룬 그 책은 처음에는 가벼워 좋았다. 하지만 반복되는 내용은 금세 지루해졌다. 달콤한 마카롱을 몇 입 먹다가 질리는 기분과 비슷했다. 사시사철 모든 순간을 달콤하게 보내는 것이 과연 가능할까. 24절기 각각의 의미와 모든 일에는 적당한 때가 있음을 다시금 확인했을 뿐이다.

휴일의 달콤함도 고된 평일을 보내고 난 후에야 더 잘 느낄 수 있다. 늘 웃음 가득한 긍정의 얼굴을 보는 어색한 느낌처럼, 밝음이 과하면 어딘지 모르게 불편하다. 그늘 없는 사람을 마주하는 느낌이랄까. 밝아서 좋지만 진정성이 조금은 아쉽게 느껴지는 사람. 어느 정도 고단한 내면과 현실이 묻어나는 내용이었다면 마음에 닿아 위로가 되었을까.

모임의 일원들은 내용이 달달해서, 누군가 옆에서 이야기해 주는 것 같아서 행복하다고 했다. 취향의 문제겠지만 감정의 기복이 잦은 나와는 대비가 되었다. 결국 참을 수 없는 달달함에 책의 절반을 남겨둔 채 반납하고야 말았다.

　책을 고를 때면 늘 신기한 경험을 한다. 평소 나의 화두와 하나의 맥락으로 이어지는 책을 선택하게 되는 것이다. 그럴 때면 마음 맞는 누군가를 만난 듯 맹렬히 몰입하게 된다. 탄력 받은 고무공처럼 멈추지 않고, 눈이 오든 비가 오든, 배경은 흐르고 나는 멈춰 있는 영화 속 장면처럼 오롯이 집중한다.

　책 읽기의 장점은 자신이 의미 있는 존재로 느껴지고, 의식이 유연해지는 경험을 할 수 있다는 점이다. 밥을 먹고 차를 마시는 익숙한 행위처럼 자연스럽지만, 마음을 다독이는 연금술사와도 같다. 책 속 메시지가 마음속에서 응축되는 것을 느낄 수 있다. 요가로 몸의 순환이 이루어져 절로 웃음이 나는 경험처럼, 책 읽기 또한 정신을 환기시키는 역할을 한다.

　나는 나의 책 고르는 취향이 잡식성이라 생각했다. 어떤 내용이든 받아들이는 것에 따라 부족한 마음을 채워주는 광합성 같은 역할을 한다고 믿었다.

　사람관계에서도 모든 사람에게는 저마다의 장점이 있기 마련이니, 그 부분만을 맞추면 된다고 생각했던 적이 있었다. 사람은 평면적이 아닌 입체적이라 여기면서 말이다. 하지만 이제는 아무리 장점이 많아도 나와 맞지 않으면, 혹은 어딘가 내가 불편함을 느낀다면, 애써 맞추면서까지 관계를 이어가고 싶은 마음이 들지 않는다. 감정의 피로와 소모를 감당하고 싶지 않은 마음이 생긴 것이다.

  책도 마찬가지다. 그런 의미에서 이제는 어떤 내용의 책이 나와 맞는지 확실히 알게 되었다.

  이처럼 나만의 취향이 만들어지는 것 같아 한편으로는 반가웠다.

결핍과 심리적 부조화:
내면을 향한 시선

외부로 향한 주의와 내적 긴장

"우리의 주의는 언제나 외부로 향한다. 우리는 대상을 따라다니는 한 줄기 빛처럼 살아간다. 그러나 그 빛이 흐려지고 고정되지 못할 때, 마음은 곧 불안과 결핍으로 채워진다." 언젠가 읽었던 이 문장은, 혼자 있는 시간을 견디기 어려울 때마다 내게 되돌아온다.

이런 내적 긴장을 '심리적 부조화'라 부른다. 이는 시선을 바깥으로 몰아내고, 고요 속에 머무는 것을 불편하게 만든다.

무위의 시간, 나를 마주하는 어려움

가장 괴로운 것은 무위(無爲)의 시간이다. 아무것도 하지 못한 채 하루를 흘려보낼 때 밀려오는 죄책감. 세상은 흔히 혼자 있을 때 무엇을 하느냐가 그 사람을 말해준다고 하지만, 나는 그 물음 앞에서 종종 답을 잃곤 했다. 자신 안에 머무는 일이 결코 쉽지 않다는 사실을 중년 이후의 무기력과 싸우며 뼈저리게 알게 되었다.

바쁘다는 착각과 해소되지 않는 외로움

한때는 바쁘게 사는 것이 곧 좋은 삶이라고 믿었다. 일정이 빼곡해야 의미가 있다는 착각에 잠기곤 했다. 그것은 어쩌면 나를 마주하지 않으려는 도피였는지 모른다. 외부 활동이 내면을 대신할 수는 없었다.

사람들과의 만남 속에서도 외로움은 여전했다. 공동체나 소속감 역시 근본적인 해답이 되진 못했다. 오히려 분별없는 만남은 나의 에너지만 고갈시킬 뿐이었다. 혼자 있든, 함께 있든 나는 여전히 결핍을 경험했다. 심리적 부조화란, 결국 외부와 내부가 일치하지 않는 간극을 의미할 것이다.

몰입, 허전함에 대한 답

대부분의 사람들은 크고 작은 결핍을 안고 산다. 남이 가진 것은 커 보이고, 내가 가진 것은 작게 느껴지는 상대적 박탈감, 관계 속에서 인정받고 싶은 허기가 그것이다.

돌이켜 보면 아이를 키우던 시절에는 결핍을 돌아볼 겨를조차 없었다. 그러나 아이가 자란 후, 마음을 온전히 기울일 대상을 잃자, 홀가분함 대신 허전함이 밀려왔다. 결국 결핍이란 몰입할 대상을 잃었을 때 찾아오는 것일지도 모른다.

몰입은 심리적 부조화를 잠재우고 내면을 치유하는 힘이 있다. 식물을 돌보거나 반려동물과 시간을 보내고, 좋아하는 가수의 팬덤 활동에 빠지는 중년 여성들의 모습이 자연스럽고 의미 있게 다가오는 이유다. 이들은 몰입을 통해 허전함을 채우고 있는 것이다.

결핍은 성장의 자극이자 내면의 신호

　결핍과 심리적 부조화는 현실과 이상 사이의 틈을 드러내지만, 항상 부정적인 것만은 아니다. 결핍을 경험한 사람은 타인의 상처에 더 깊이 공감할 수 있고, 배우고, 성장할 기회를 얻는다. 때로는 새로운 에너지를 불러오는 자극이 되기도 한다.

　나에게 결핍은 묻는다. 나는 어떻게 살고 싶은가. 그것은 나답게 살고 싶은 내면의 신호이자, 삶의 균형을 찾기 위한 노력이다. 어쩌면 지금의 나는, 그 모든 불완전함과 결핍이 만든 하나의 결과일지도 모른다.

십 년의 주기

강산이 한 번 바뀌는 세월, 십 년이 흘렀다. 글을 쓰기 시작한 순간부터 지금의 집에 이사 온 때까지, 어느덧 그만큼의 시간이 지났다. 그 시간 속에서 나는 열정보다 본능에 따라 살아온 날이 더 많았다. 성취를 향한 열의는 희미해지고, 웃음은 줄었으며, 사소한 일에도 쉽게 분노했다. 지나온 십 년은 내게 어떤 의미였을까, 종종 헤아려 본다.

간혹 나 자신을 주체할 수 없을 때면 십 년 전의 일기를 꺼내 읽는다. 그리고 스스로에게 묻는다. 나는 그때보다 나은 모습으로 살아가고 있는가. 하고자 했던 것들은 이루고 있는가. 분명하지는 않아도, 내면 깊숙이 간직해 온 갈망이 지금의 나와 함께하고 있는가.

십 년 전의 나는 지금과 분명 달랐다. 몸을 이루는 세포조차 이미 그때의 것이 아니니, 단순히 외모를 넘어 마음까지 달라져 있었다. 어딘가 모르게 내가 아닌 내가 되어 있는 느낌. 거울을 보며 묻는다. '넌 누구니?' 이름만 같고, 마음까지 낯선 사람처럼 느껴지는 순간이 있다.

그럼에도 지난 십 년이 무의미했던 것은 아니라고 스스로를 다독인다. 집을 마련했고, 겁이 많아 시도조차 할 수 없었던 하지 못했던 운전도 할 수 있게 되었다. 무엇보다 촘촘하지는 않아도 십 년 넘게 글을 쓰고 있다. 그렇게 바라던 것들의 일부가 조용히, 그러나 분명히 내 곁에 자리하고 있었다.

일기장 속 흔적들은 나를 다시 살아 있게 만든다. 당시의 상황과 다짐, 간절한 염원들이 고스란히 담겨 있다. 기록 속의 나를 마주할 때면, 스스로가 신기하고 때로는 기특하기까지 하다. 그때의 고뇌와 다짐들이 지금의 나를 조금씩 만들어 주었음을 느낀다.

살아가는 동안, 십 년의 주기는 반복될 것이다. 지금 이 순간이 지닌 무게를 실감한다. 현재의 태도와 선택이 미래를 결정한다는 단순한 진실이 새삼 깊이 다가온다. 정신이 바짝 조여지는 듯하다. 그렇기에 지금 이 시간을 충실히 살아가야 할 이유가 분명해진다.

지금의 다짐들이 십 년 후의 나를 결정할 테니까.

어떤 순간:
삶의 정교한 타이밍을 포착하다

가끔 마음속 깊이 품어두었던 생각이 마술처럼 눈앞에 펼쳐질 때가 있다. 책 속 한 문장, 누군가의 무심한 말, 혹은 일상의 사소한 계기가 그 결정적인 계기를 만들어 준다. 그럴 때면 모든 일이 제자리를 찾아가듯 정확히 맞물리는 감각이 찾아온다.

나는 거의 먼저 약속을 하지 않는다. 외롭다고 전화를 걸거나, 누군가를 만나자고 청하는 일도 드물다. 그러나 번개처럼 스치는 어떤 기운이 찾아올 때면 주저하지 않는다. 마치 오래전부터 예정된 만남처럼, 꼭 만나야 할 사람처럼 전화를 걸고 약속을 잡는다. 꿈에서 그리운 얼굴을 본 다음 날, 우연히 연락이 닿는 순간도 있다. 그때는 운명처럼 기다려 온 인연임을 실감하게 된다.

삶이 보내는 정밀한 타이밍

 이는 사람과의 관계에만 국한되지는 않는다. 집 정리나 보험료 청구, 건강검진 예약처럼 미뤄두었던 일도 어느 날 문득 '지금'이라는 신호가 오면 바로 행동에 옮기게 된다. 평소에는 손에 잡히지 않던 일들이 삶의 중심으로 들어오는 때이다. 물론 대부분 무심히 흘려보내지만, 돌아보면 그것은 삶이 보내는 정밀한 타이밍 같다. 모든 일에는 때가 있다는 말처럼 말이다.

 한편으로는 미루는 일에 죄책감을 느끼기도 한다. "목요일로 미루는 일을 해보지 않은 사람은 수요일이 몹시 유쾌한 것을 알지 못한다."는 문장을 읽은 적이 있다. 미룸을 죄책감이 아니라 기다림으로 보는 시선이었다. 아직 무르익지 않은 일일지도 모른다. 드러날 때가 아니기에 당장은 멈춰 있는 것. 충분히 성숙하면 머뭇거림 없이 행동하는 순간이 찾아온다. 그때야말로 무언가를 시작하기에 적당한 시점 아닐까.

깨어 있는 의식으로 포착하는 전율

이러한 경험은 누구나 겪을 수도, 혹은 전혀 느끼지 못할 수도 있다. 설명하기 어려운 직감 같지만, 때로는 일상의 패턴을 바꾸고 눈앞의 세계를 넘어 미지의 차원에 닿은 듯 신비한 기분마저 느끼게 한다. 놀라울 만큼 정교한 순간에, 섬광처럼 명료한 자각이 찾아온다. 그 순간은 무엇보다 나를 변화시키는 계기가 된다.

비가 내리는 날 괜스레 마음이 가라앉을 때, 저녁 하늘이 분홍빛으로 물드는 풍경 앞에서 압도당할 때. 나는 자연의 일부임을 실감한다. 우주의 톱니바퀴와 정밀하게 맞물려 있다는 감각이 드는 때이다. 내가 보낸 신호에 우주가 답을 보내는 듯한 교감, 그것이야말로 삶이 주는 전율이다.

삶의 비밀은 준비된 마음에 있다

　물론 많은 순간은 의식하지 못한 채 흘려간다. 나 역시 처음에는 스쳐 가는 직감이라 여겼지만, 시간이 지나면 그것이 결정적인 시점이었음을 깨닫곤 했다. 그렇다고 집착하거나 확신하지는 않는다. 다만 관심을 기울이고 바라볼 때, 비로소 포착된다. 삶의 비밀은 결국 남이 아닌 자기 자신을 향한 '깨어 있는 의식'에서 비롯되는 것 아닐까.
　'어떤 순간'은 그냥 저절로 오는 것이 아니다. 온전한 의식, 바라보려는 내면의 눈이 있을 때 찾아온다. 아직 이루지 못한 일과 언젠가 꼭 이루고자 하는 간절한 바람이 함께해, 그것들이 어느 정도 무르익으면 삶은 불현듯 빛을 던져준다. 그제야 비로소 삶은 반짝이는 순간을 선물해준다.

아찔한 순간

어슴푸레 날이 밝아오고 있었다. 시계를 보니 다섯 시 반. 앗, 정신이 번쩍 들었다. 이미 집결 시간에 늦었다는 것을 깨닫는 순간, 침대에서 벌떡 일어났다. 샤워할 엄두조차 내지 못한 채 고양이 세수만 간신히 하고 화장은 물론, 단정한 스튜어디스 머리에 바지정장을 차려입던 나의 평소 모습은 온데간데없었다. 침대 위에 널브러져 있던 짐을 캐리어에 마구 쑤셔 넣고는 헐레벌떡 버스로 달려갔다.

버스에 오르자 60여 명의 시선이 일제히 나를 쏘아보고 있었다. 키도 체격도 큰, 카리스마 넘치는 현지 가이드의 눈빛은 사막의 모래바람처럼 건조하고 싸늘했다. 그 눈길 속에서 무책임한 인솔자를 향한 한심함이 읽혀졌다.

60인승 대형버스에는 여러 여행사가 연합하여 만든 팀이

타고 있었고 우리 여행사 손님은 이십여 명이었다. 서울에서 하와이 2박 3일의 일정을 마친 후, 다시 LA를 거쳐 라스베이거스로 향하는 8박 9일의 사막 횡단 코스였다. 서울로 귀환할 때까지 아무 일 없도록 책임을 다해야 하는 임무를 맡은 인솔자로서, 늦잠으로 지각을 하다니. 생각할수록 스스로 용납되지 않았다. 이미 엎질러진 물이었지만, 되새길 때마다 등골이 서늘하고 아찔했다.

버스 창밖으로는 사막이 끝없이 펼쳐지고 있었다. 눈으로는 그 황량한 풍경을 바라보면서도, 귀로는 현지 가이드의 해박한 멘트를 흘려듣고 있었다. 다른 여행사 인솔자들과 함께 앞자리에 나란히 앉아서도 머릿속으로는 아침의 일을 복기하고 있었다. 이미 지난 일이라 애써 넘기려 해도 쉽사리 떨쳐지지 않았다.

그 밤이 마지막 밤이라 나도 모르게 긴장을 놓았던 것 같다. 서울에서 연수를 받을 때 회사에서는 공과 사의 구분과 품위를 매번 강조했다. 나 또한 당연히 그래야 한다고 받아들였음에도, 한번은 무심코 민소매 옷을 입었다가 지적받은 적도 있었다. 품위를 손상시킨다는 이유였다. 그래서 해변 일정을 소화할 때조차 치렁치렁한 바지정장에 구두 차림으로 가곤 했다. 다소 거친 미 서부 코치투어. 열흘 동안 이어진 긴장과 피곤은 절정에 달해 있었고, 이미 서너 번 인솔했던 경험이 있었는데도 불구하고 방심을 했다는 것이 문제였다.

 돌이켜 보면, 그때의 아찔한 순간은 단순히 지각 때문만은 아니었을 것이다. 손님들에 대한 책임감, 영어가 능숙하지 않은 대신 업무적으로는 완벽해야 한다는 스스로에 대한 강박, 그 기대에 미치지 못했다는 실망감이 뒤섞인 탓이었을지도 모른다.

 지금은 더 이상 그 일을 하지 않는다. 그럼에도 종종 꿈속에서 그 일을 한다. 늦잠으로 헐레벌떡 버스에 오르는 장면, 60여 명의 시선이 일제히 나를 향해 꽂히는 장면은 여전히 반복된다. 꿈속에서 나는 늘 멈칫한다. 마치 '그대로 멈춰라' 구호를 따라 하듯 버스에 오를 때마다 얼어붙는 것이다. 그 영상은 내 무의식 속에 살아 움직이며 지금도 현재진행형이다.

마음을 울려주는 일

　명동의 레코드 가게에서 흘러나오던 여가수의 구슬프면서도 당찬 허스키 보이스가 지금도 들리는 듯하다. 그때 무심히 들던 거리의 노래들은 퇴근길 지친 하루를 녹여주곤 했다.
　그 노래들을 다시 들으면, 지난 시간들이 고스란히 되살아난다. 마치 철 지난 옷 주머니에서 꼬깃꼬깃한 종이돈을 발견했을 때처럼 뜻밖의 기쁨을 준다. 면도날에 베인 듯 쓰라렸던 순간조차 어느새 수면 위로 떠오른다. 그 멜로디에는 저마다 다른 추억의 체취가 묻어 있었다.
　듣는 것과 달리 나는 한 곡조차 제대로 부르지 못했었다. 노래방이 막 보급되던 시절, 음치에 가까웠던 내 목소리는 낯설고 불편했다. 지금은 거의 사라진 풍경이지만, 직장생활을 하던 시절에는 회식자리에서 즉석으로 노래를 요구하는 분위기가 종종 조성되었다. 그럴 때면 긴장되어 도망치고 싶을 정도였다.

노래 잘하는 사람들은 왜 그리도 많은지. 좋은 소리를 몇몇에게만 나눠준 신이 불공평하다고 생각하기도 했다. 듣기는 많이 들었다. 그러나 부르는 것과는 다른 일이었다. 학창 시절, 이불을 뒤집어쓰고 밤새 라디오를 들으며, 시험 기간에도 팝송을 들으며 공부할 만큼 듣는 것에는 익숙했었으니까.

다만 그러려고 노력하거나 딱히 원한 것이 아닌데도 자연스레 변하는 것들이 있다. 외모와 입맛이 바뀌듯 음악 취향과 목소리 또한 자연스레 변했다. 나이 들며 삶을 보는 시선이 바뀌었고, 어느새 음악과는 무관한 일상을 살고 있음을 깨달았다. 나는 왜 음악을 멀리하게 되었을까. 책이 눈에 들어오지 않을 때처럼, 선율 또한 귀에 닿지 않았다. 마음이 피로했고, 일상의 감각이 숨을 고르느라 무언가를 받아들이기 어려운 시기였던 듯하다. 자극이 아닌 차분히 마음을 다독이는, 공기 같은 노래의 존재를 잊고 지냈다.

그런 시간들이 지나고 나서야 알았다. 우리 안에는 노래하는 새 한 마리가 있다는 것과 더불어, 작은 것들에 기뻐하고 감동하는 능력이 내게서 희미해져 가고 있었다는 것을 깨달았다. 아무런 잡념 없이 기분 좋은 허밍을 한 것이 언제였던가. 그렇게 음악이 사라진 내 일상은 퍼석거리기만 했다.

 그러다 마음껏 노래할 수 있는 시기가 찾아왔다. 부동산 공인중개사로 일하던 때, 같은 건물의 노래방을 자주 찾았다. 유치원생이던 아이와 늘 같이 갔다. 내게 없던 노래에 대한 자신감을 아이에게 일찌감치 심어주고 싶었다. 잘하지는 못해도 수십 곡을 자유롭게 부를 수 있었다. 그 경험은 내 안에 긍정적인 흔적으로 지금도 남아 있다.

 최근 들어 1980년대 발라드를 다루는 프로그램이 방송되면서, 음악에 대한 열정이 새로 피어남을 느낀다. 영혼을 다해 부르는 그들의 음색에 흠뻑 빠져들다 문득 알게 되었다. 내 목소리가 더 이상 낯설지도 불편하지도 않다는 것을. 그래서 요즘은 가끔 노래방에 가서 마음껏 부른다. 여유가 생겨서라기보다 남의 시선에서 자유로워진 덕분이다.

 이제 그 감각을 다시 느낀다. 음악은 잃어버렸던 기억들을 살며시 끄집어내, 지나간 시간을 부드럽게 감싸준다. 무엇보다 지금의 내 마음을 울려주는, 잔잔한 위로로 다가온다.

제6장

수필로 읽는 영화 Ⅱ

시간의 흐름에
순응하는 것

새해가 시작된 지도 어느덧 한 달이 지나가고 있다. 어김없이 나이는 한 살 더해졌고, 누구도 이 사실에서 예외일 수 없다. 인정하고 싶지 않은 마음에 사진 찍히는 일조차 꺼려진다. 원하든 원하지 않든, 결국 받아들일 수밖에 없는 현실이다.

이러한 노화에 대한 인간의 욕망을 반영하듯, 영화 〈카운테스〉는 늙음을 거부하는 욕망이 어디까지 치달을 수 있는지를 극적으로 보여준다. 실존 인물 엘리자베스 바토리의 이야기를 바탕으로, 그녀가 젊음을 유지하기 위해 수백 명의 처녀를 희생시켰다는 전설 같은 잔혹한 이야기를 다룬다. 영화는 그 광기를 단순히 잔혹함으로만 그리지 않는다. 사랑을 잃을까 두려워, 시들어가는 시간을 견디지 못한 한 여인의 내면을 담담히 비춘다. 결국 그녀는 권력과 재산, 아름다움을 모두 가졌지만, 시간 앞에서는 무력할 수밖에 없었다.

마음에 오래 머물렀던 영화 속 대사는 "시간의 흐름에 순응하는 것이 진정한 미(美)"라는 말이었다. 너무 당연한 진실이라 흘려버릴 수 있지만, 나이 들어감을 체감할 때마다 다시금 떠올리게 된다. 젊음이 주는 싱그러움은 사라지지만, 그 자리를 대신하는 고요한 품위와 단단한 깊이가 있다. 영화 속 줄리 델피의 모습이 그랬다. 더 이상 〈비포 선라이즈〉 속의 소녀는 아니었지만, 대신 세월이 빚어낸 성숙한 아름다움이 깃들어 있었다.

가끔 거울 속 얼굴을 보며 낯섦을 느낄 때가 있다. 예전 같지 않은 나를 마주하며, 애써 외면하고 싶은 순간도 있다. 하지만 삶의 무게는 결국 지금의 나를 만들어 냈다. 젊음은 지나갔지만, 그 자리를 채우는 삶의 흔적과 배움이 있다. 그것이야말로 시간이 남긴 가장 온전한 선물일지도 모른다.

나이 듦을 부정하는 집착은 파괴를 낳지만, 흐름을 받아들이는 순간 우리는 오히려 자유로워진다. 늙음을 인정하는 것은 단순한 체념이 아니라, 삶을 있는 그대로 품는 성숙의 태도다. "시간의 흐름에 순응하는 것"은 결국 자연의 질서를 받아들이되, 그 속에서도 여전히 나만의 빛을 발견하려는 마음 아닐까.

위플래쉬,
열정인가 광기인가

 영화 〈위플래쉬〉는 기존의 음악 영화와는 결이 달랐다. 보통 음악 영화가 감동적인 서사나 열정적인 도전의 아름다움을 강조한다면, 이 영화는 음악을 향한 열정과 그 이면에 숨겨진 광기의 경계에서 다음과 같은 두 가지 질문을 던진다.
 '예술은 가볍고 즐거워야 하는가' 아니면 '예술을 위해선 수단과 방법을 가리지 않아야 하는가'
 'Whiplash'는 채찍질 또는 채찍 끝의 가격 부위를 의미한다. 동시에 영화 속에서 연주되었던 곡의 제목이기도 하다. 제목처럼 영화는 관객의 감정에까지 채찍질을 가하며 극도의 몰입을 유도한다.
 영화의 주인공 앤드류는 일류 재즈 드러머를 꿈꾸며 뉴욕의 명문 셰이퍼 음악학교에 입학한다. 그는 우연히 최고 지휘자 플레처 교수의 눈에 띄어 스튜디오 밴드에 들어가게 된다. 하지만 첫 연습부터 악몽이 시작된다. 연습 도중 날아오는 의자, 욕설과 따귀 등 플레처의 가혹한 지도 방식은 명백한 학대에 가까웠다. 앤드류는 오직 인정받기 위해 피나는 연습에 몰두한다.

드럼 옆으로 뚝뚝 떨어지는 피, 정신이 아득해질 만큼 몰입한 연주. "난 위대해지고 싶어. 그러려면 시간이 더 필요할 거고. 우린 사귀면 안 될 것 같아." 앤드류는 연애조차 꿈을 이루는 데 방해가 된다며 스스로 연인과의 관계를 끊어낸다. 이 지점까지만 보면 영화는 열정과 집념의 서사처럼 보인다.

그러나 절정에 갈수록 분위기는 급변한다. '최고가 되려는 앤드류의 집착'과 '광기에 가까운 플레처의 압박'이 정면으로 충돌한다. 플레처는 "평범한 재능은 무의미하다."는 신념으로, 제자들을 끝없는 채찍질로 몰아붙인다. 이를 견뎌낸 자만이 위대함에 이를 수 있다고 믿는다.

음악에 대한 그의 진심은 분명하지만, 신체적, 정신적 학대가 정당화될 수는 없다. 특히 후반부 카네기홀 장면에서 앤드류를 일부러 망신 주는 그의 행동은 그가 가진 폭력성의 끝을 적나라하게 드러낸다.

앤드류와 플레처의 관계는 단순한 사제관계를 넘어선다. '예술을 즐기며 살아가려는 나'와 '어떤 대가를 치르더라도 성취를 이루려는 나'의 내면적 갈등이 이 둘을 통해 투영된다. 결국 앤드류는 그 누구보다 자신의 욕망을 이해하는 플레처에게 점차 동화된다.

앤드류를 연기한 마일스 텔러는 실제 드러머로, 영화 속 연주의 대부분을 직접 소화했다. 피 흘리는 장면 역시 그의 실제 상처에서 비롯된 것이라고 한다. 그 몰입의 결과로 앤드류는 자신의 한계를 넘어서는 연주에 도달하고, 마지막 카네기홀 장면에서 광기 어린 집착의 절정을 보여준다. 주도권마저 앤드류에게 넘어간 순간, 플레처는 눈빛으로 그의 연주에 감탄한다. 숨 막히는 마지막 10여 분은 관객의 호흡마저 멈추게 한다. 엔딩 후에도 그 리듬은 나의 뇌리에서 계속 맴돌았다.

앤드류는 꿈꾸던 성취에 도달했지만, 플레처에게 자살로 내몰린 다른 드러머들의 운명처럼, 결말에도 비극의 그림자가 드리운다.

〈위플래쉬〉라는 제목은 이 작품에 걸맞은 강렬한 상징이다. 그러나 해석은 엇갈린다. "플레처의 폭력이 있었기에 완벽한 연주가 나올 수 있었다."는 옹호론과 "아무리 위대한 성취라도 그 과정은 정당화될 수 없다."는 비판이 맞선다. 감독 또한 "나는 결말이 어둡고 불행하다고 생각한다."며 스스로 명확한 결론을 내리지 못했다고 밝혔다.

'예술은 가볍고 즐거워야 하는가'와 아니면 '수단과 방법을 가리지 않아도 하는가' 이 질문의 답은 쉽게 정리되지 않는다. 영화는 그 모호함 속에 관객을 남겨두고, 해석은 각자의 몫으로 돌린다. 어쩌면 〈위플래쉬〉는 예술을 대하는 우리의 태도를 되돌아보게 하는 거울인지도 모른다.

인생이
한 권의 연간 잡지라면

봄날의 나른한 햇살 아래, 창밖에는 사람들이 분주하게 움직인다. 나 역시 하루하루 쫓기듯 일상을 살아가지만, 마음 한구석에는 여전히 이루지 못한 꿈이 자리한다. 이토록 화사한 날에는 마음이 쉽게 산란해진다. 특별한 무언가가 일어나기를 바라는 것인지, 아니면 나만 제자리인 것 같아 조급한 것인지 알 수 없다.

영화 〈월터의 상상은 현실이 된다〉는 '분주하게 살아야만 잘 사는 것일까?'라는 질문을 던진다. 주인공 월터는 잡지사 《라이프》에서 16년 동안 성실하게 사진 인화 업무를 해온 평범한 직장인이다. 겉보기엔 조용하고 소심하지만, 그의 머릿속은 누구보다 활발하다. 상상 속에서 그는 완벽한 연인이자, 정의로운 영웅이다. 현실에서는 말 한마디 쉽지 않지만, 그의 상상은 자유롭고 대담하다.

하지만 잡지사가 폐간을 앞두고 구조조정이 시작되면서 그의 일상은 흔들린다. 게다가 마지막 호 표지 사진 필름이 사라지자, 월터는 전설적인 사진작가 숀을 찾아 나선다. 그린란드, 아이슬란드, 아프가니스탄으로 이어지는 여정에서 술 취한 조종사의 헬기를 타고, 바다에 떨어져 상어를 마주하고, 광활한 아이슬란드의 도로를 스케이트보드로 질주한다. 그렇게 현실의 모험을 겪으며, 그는 상상 속 자신처럼 대담해지고 용감해진다.

사실 어린 시절의 그는 모험심 가득한 소년이었다. 갑작스러운 아버지의 죽음 이후 그는 현실적인 어른이 될 수밖에 없었다. 그의 여행은 곧 잃어버린 자신을 다시 찾는 과정이었다. 마침내 숀을 만난 그는, 사라졌던 필름이 사실은 자신이 늘 간직하던 지갑 속에 들어 있었다는 것을 알게 된다. 그리고 그 사진은 《라이프》 마지막 호의 표지가 된다. 거기에는 다름 아닌, 사진 인화 작업에 몰두하던 평범한 직장인 월터의 모습이 담겨 있었다.

영화는 삶이 지극히 현실적이라 하더라도 상상만큼은 자유라고 말한다. 결핍이나 회피에서 시작된 상상이라 해도 결국 현실을 살아내는 힘이 될 수 있다. 월터에게 상상은 회피가 아니라 도전이었고, 그 도전은 그를 성장하게 했다.

또한, 영화는 가끔은 '멈추어야 할 순간'이 있음을 일깨운다. 히말라야 설산에서 숀이 눈표범을 마주하고도 카메라를 들지 않은 장면처럼, "아름다운 순간이 오면 방해하고 싶지 않아. 그저 그 순간 속에 머물지." 숀의 이 말은, 우리가 잊고 지내는 지금 이 순간의 소중함을 다시금 보여준다. 사진은 기억의 도구일 수 있지만, 진짜 기억은 온전히 '머물렀던' 그 감정과 감각에 있다.

내 인생이 한 권의 연간 잡지라면, 그 마지막 표지에는 어떤 장면이 담길까. 아마도 특별하지 않아 보이는 일상일지도 모른다. 그러나 그 일상 속에 찬란함이 숨어 있다.

햇살 가득한 봄날, 영화는 조용한 위로를 건넨다. 아무 일도 없어 보이는 하루가 사실은 가장 큰 선물이라고.

지금
이 순간

가끔 지금보다 젊어질 수 있다면 어느 시점으로 돌아가고 싶은지에 대한 질문을 받는다. 그럴 때마다 쉽게 떠오르는 시점이 없었다. 삶의 어느 한때도 그리 수월하지 않았기에 특정 시점을 떠올리는 일 자체가 망설여진다. 혹시 그때 다른 선택을 했더라면 지금보다 나은 대답을 할 수 있었을까.

영화 〈벤자민 버튼의 시간은 거꾸로 간다〉는 '매 순간'의 의미를 다시 생각하게 했다. 태어나자마자 80세의 몸을 가진 벤자민은 점점 젊어지고, 그의 연인 데이지는 평범하게 나이 들어간다. 결국 갓난아기가 된 벤자민은 노인이 된 데이지의 품에서 생을 마친다. 얼마 후 데이지 역시 삶을 마무리한다. 두 사람의 삶은 시간적으로 어긋나 있었지만 종착지는 결국 같았다. 다만 그곳에 이르는 속도만 달랐을 뿐이다.

젊음의 오류는 그것이 끝나지 않을 것이라는 착각에 있다. 마치 사랑처럼. 그러나 지나고 나면 젊음도 사랑도 순식간에 스쳐 지나갔음을 깨닫는다. 벤자민과 데이지가 실제로 함께했던 시간은 몇 년에 불과했지만, 그 짧은 순간처럼 현실의 시간도 빠르게 흘러간다. 우리는 종종 끝나지 않을 것처럼, 남들과는 다르다고 믿으며 살아간다. 영원을 갈망하는 순간의 최면 같은 것은 아닐까.

영화는 또한, 작은 선택이 운명을 바꾸고, 그 결과가 다른 사람에게까지 영향을 준다는 것을 보여준다. 우연처럼 보이지만 결국 필연이 되는 순간들. 순리대로 살든 거꾸로 살든 결코 되돌릴 수 없는 시간 속에서 우리는 단 한 번 주어진 삶을 받아들이며 살아간다.

영화를 보면서 감정이입이 되었던 걸까. 과정의 연속인 그들 삶을 나는 내게 대입하고 있었다. 어린 시절을 거쳐 청년기, 연애 시절 그리고 결혼생활을 하는 지금의 나. 누구도 이래라저래라 하지 않는 삶의 매 순간마다 나름의 선택을 해왔다. 그 선택이 옳았는지는 알 수 없다. 다만 분명한 것은 다시는 돌아갈 수 없는 순간을 지나왔다는 것. 그 안에는 달콤함과 벅참, 쓰라림과 아픔이 함께했다는 사실뿐이다.

그 과정을 통해 나는 무엇을 깨달았을까. 벤자민이 딸에게 말하고 싶었던, '이게 아니다 싶으면 다시 처음부터 시작할 수 있는 강인함'이 내게도 있을까. 내가 선택했던 모든 순간에 그런 강인함으로 최선을 다했을까. 지나고 난 지금도 여전히 그 질문에는 물음표만 맴돌고 있다.

  확실히 알게 된 것은, 모든 일이 뜻한 대로 흘러가지는 않는다는 사실이다. 어릴 적에는 마음만 먹으면 언젠가는 이루어질 거라고 믿었다. 현재보다는 나은 삶을 살 것이라는 막연한 희망이 있었다. 언젠가 내 인생에도 반전이 있을 거라 생각했다. 돌이켜보면 그것은 치열한 실천이 결여된 자신감이었음을 아프게 깨닫는다. 물론, 어느 정도는 간절히 바란 것이 현실이 된 순간도 있다. 막연히 글을 쓰고 싶어 했던 나는 결국 지금 글을 쓰고 있으니 말이다.

  행복하려면 지금 이 순간에 자족해야 한다는 것을, 머리로는 알고 있었지만, 마음으로 실감하는 데 시간이 걸렸다. 그래서인지 기대에 미치지 못했던 모습에 갈증을 느꼈던 순간들이 아쉽게 다가온다. 이제야 놓쳐버린 그 순간들이 얼마나 귀중했는지, 단 한 번뿐인 삶의 가치를 더 또렷하게 느낀다. 좀 더 느긋하고 편안한 마음으로, 이전에는 미처 느끼지 못했던 것들을, 지금은 온전히 느끼며 살아가고 싶다.

   누군가는 강가에 앉기 위해 태어난다.
   누군가는 번개에 맞고 누군가는 음악에 조예가 깊고

누군가는 예술가이고 누군가는 수영을 잘하고
누군가는 단추를 잘 알고 누군가는 셰익스피어를 읽고
누군가는 어머니다. 그리고 누군가는 춤을 춘다.
- 영화 중에서 -

우리는 그저 저마다 주어진 삶을, 지금 이 순간 살아갈 뿐이다.

추앙과 해방

〈나의 해방일지〉, 3남매와 구 씨가 나란히 서 있는 너무도 평범한 스틸컷, 그리고 제목 또한 촌스럽게 해방일지라니, 선뜻 손이 가지 않았던 드라마다. 종영 후에야 무엇에 끌린 듯 연속으로 보기 시작했고, 어느새 깊이 빠져들고 말았다. 대사 하나하나가 마음에 꽂혀 되풀이해 봤음에도, 그들은 내 머릿속을 떠나지 않고 여전히 내게 말을 걸고 있었다. 사는 곳도, 그들이 하는 생각도 마치 내 모습을 투영해 놓은 듯했고, 그들은 나의 대변인이 되어 이야기하고 있었다.

달걀흰자 같은 경기도에 살며 노른자인 서울로 출퇴근하는 염 씨네 3남매. 하루 서너 시간을 길에서 보내는 이들의 삶. 특별할 것 없는 평범한 일상을 담아낸 드라마는 시작부터 묵직함으로 다가왔다. 각각의 캐릭터들이 저마다의 이유로 공감되었지만, 나는 특히 막내 염미정에게 마음이 갔다.

첫 회에서 그녀는 집이 멀다는 이유로 동료들과 어울리지 못하고 늘 혼자였다. 모든 관계가 노동이라고, 아무 일도 일어나지 않고 아무도 날 좋아하지 않는다고 느끼는 그녀. 카페에 앉아 누군가를 사랑하고, 지지받으며 편안하게 살아가는 상상을 한다. 평범하게 지내다 말라죽을 것 같다면서 자신만의 '당신'을 상상한다. 출퇴근 전철 안에서 반복되는 하루, 넝마가 된 마음으로 터덜터덜 집으로 걸어오는 그 모습은 내게도 익숙했다. 마치 나의 오래전 일상을 바라보는 것 같았다.

엎친 데 덮친 격으로 대출까지 받아 빌려준 돈을 갚지 않는 전 남자 친구 때문에 그녀의 우울은 극에 달한다. 독촉장이 부모님 집으로 갈까 봐 주소변경까지 감행한다. 초등학교 때 20점을 받은 시험지에 부모님 사인을 받아야 하는데 시험지가 든 가방만 보면 마음이 돌덩이처럼 무거웠다는 그녀. 지금도 그런 시험지를 들고 있는 기분이라고 말한다. 무엇이 20점짜리 시험지인지 모르겠다고. 남자에게 돈을 빌려준 자신인지, 돈을 갚지 않는 남자인지, 아니면 그냥 자신이 20점짜리인지를 자문한다.

나 역시 직장생활 중 누군가에게 대출받아 돈을 빌려준 적이 있었다. 그 사람이 갚지 못한 것을 나도 감당할 수 없었고 급기야 채권단에서 나온 검은 양복 입은 남자들을 집

앞에서 마주해야 했었다. 수년간 이어진 독촉 전화에 부모님이 알까 봐 마음을 졸이며 살았다. 사는 게 구질구질했던 그때였다.

그렇게 지리멸렬한 삶 속에서 염미정은 결단을 내린다. 마음을 굳힌 듯 이웃에 사는 구 씨를 찾아가 말한다. 자신을 추앙하라고, 이름도, 사연도 모르는 그에게 말이다. 자신은 한 번도 채워진 적 없고, 만났던 남자들은 하나같이 형편없었다며, 술에 의지해 지옥 같은 나날을 보내느니 어떤 일이든 하라고. 사랑이 아니라 추앙으로 한 번쯤은 채워지고 싶다고 말한다.

왜 사랑이 아니고 추앙이고, 또 대상이 구 씨였을까. 그 단어에 다른 의미가 숨어 있을까 싶어 국어사전을 찾아보는데, 마침 화면 속 구 씨도 사전을 보고 있었다. 그녀는 추앙이라는 단어를 통해 더는 이전처럼 살 수 없다는 결연한 의지를 전하고 싶었던 것이다. 더 이상 바닥까지 떨어지고 싶지 않고, 멍하니 인생을 바보처럼 흘려보내고 싶지 않다는 다짐이랄까.

미정의 '추앙하라는 말'은, 사람에게 결계를 치듯 살아가던 구 씨의 세계에도 균열을 낸다. 그렇게 미정과 구 씨는 서로를 통해 조금씩 변화해 간다. 그녀의 조용하고 간결한 독백은 반복해서 듣고 싶을 만큼 울림이 컸다. 변화해 가는 그녀의 단단한 모습은 곧 내가 바라는 나의 모습이기도 했다.

직장 내 동호회 가입을 강요받던 동료들과 함께 그녀는 '해방클럽'을 만든다. 해방의 대상은 세상이 아니라 바로 자기 자신이다. 그들은 해방일지를 통해 자신을 옭아매던 틀에서 조금씩 벗어나고, 자아를 회복해 간다.

추앙과 해방이라는 단어는 사회생활과 멀어진 지금의 내게도 유효하게 다가왔다. 작가의 세계관이 궁금해졌다. 마치 내 마음속을 들여다본 듯한 느낌. 나와 같은 고민과 감정을 작가도 품고 있었구나 싶어 반가웠다.

그저 살아내는 것만으로도 버거운 요즘. 그럼에도 '하루 5분의 설렘'을 이야기하던 미정처럼, 나 역시 누군가의 추앙이 간절하다. 주눅 들고 초라해지는 나에게서 해방되고 싶다.

"그러니까 날 추앙해요. 그래서 봄이 되면 당신도 나도 다른 사람이 되어 있을 거예요."

"확실해? 봄이 오면 너도나도 다른 사람 돼 있는 거? 추앙은 어떻게 하는 건데?"

"응원하는 거. 넌 뭐든 할 수 있다. 뭐든 된다. 그렇게 믿어주는 것"

추앙으로 시작해 환대로 마무리된 그들의 해방. 드라마는 끝났지만 그들의 이야기가 현실에서 어떤 모습으로 이어질지 여전히 궁금하다.

페인티드 베일

 원작자가 《달과 6펜스》의 서머싯 몸이라는 이유만으로 주저 없이 선택한 영화, 〈페인티드 베일〉. 그러나 원작과 영화는 내용 면에서 차이가 있었다. 영화는 원작의 틀만 가져왔을 뿐, 세부 전개는 다르다. 예를 들어 원작에서 남자 주인공 월터는 끝내 아내 키티를 용서하지 못한 채 괴로워하며 죽지만, 영화에서는 그녀를 용서한다. 그럼에도 원작자와 감독 모두 제목을 통해 인간이란 결코 단순하지 않으며, 특히 사랑은 언제나 베일 속에 가려져 있다는 것을 말하고 싶었던 것은 아니었을까.

 〈페인티드 베일〉은 월터 페인과 키티 부부의 사랑과 배신, 질투와 복수를 교차시키며 과거와 현재를 오간다. 1925년 영국 런던의 한 사교모임에서 댄스파티를 즐기던 키티를 보고 월터는 첫눈에 반한다. 성격도, 취향도, 삶의 속도도 다른 두 사람은 결혼과 동시에 중국 상하이로 향한다. 그러나 그들의 결혼생활은 삐걱거리기 시작한다. 대부분의 부부들이 서로 다른 성향을 지녔듯, 그들 또한 마찬가지였다. 생각해 보면, 이렇게 다른 두 사람이 함께 살아간다는 것 자체가 오히려 신기한 일이다. 아마 그들에게는 서로의 차이를 인지하고 받아들이는 것 자체가 딜레마였을지도 모른다.

활발하고 외향적인 키티는 연구와 조용히 독서를 즐기는 월터와 달리, 사교모임에서 만난 외교관과 사랑에 빠진다. 불륜을 눈치챈 월터는 복수하듯 콜레라가 퍼져 있는 오지마을로 자원해 가면서 키티를 데려간다. 그곳에서 둘의 관계는 극단으로 치닫는다. 황폐한 두 사람의 모습은 당시 중국과 영국 문명의 충돌을 압축해 보여주는 듯하다.

영화의 긴장감을 높였던 것은 음악이었다. 중간중간 흐르는 에릭 사티의 '그노시엔느 1번'은 그들의 불안하고 위태로운 관계를 은근히 암시한다. 배신감과 질투로 굳어진 월터는 키티와 눈조차 마주치지 않는다. 그 냉담함은 영화를 보는 내 마음마저 서늘하게 만들었다. 키티는 남편의 철저한 무시 속에서 유배나 다름없는 시간을 보낸다. 한편 마을에는 콜레라가 확산되고, 미신에 사로잡힌 현지인들은 영국인을 경계한다.

그 불안한 환경 속에서 키티는 수녀원 봉사를 시작하며 조금씩 변해간다. 서로의 다른 면모를 마주한 부부는 서서히 마음을 열어간다. 그러나 사랑이 무르익을 무렵, 키티는 임신 사실을 알게 된다. 누구의 아이인지 확신할 수 없지만, 월터는 상관없다고 말한다. 만약 그 상황이 가부장적 색채가 강한 한국 사회였다면 어땠을까. 그 장면에서 나는 일종의 안도감과 감동을 느꼈다.

안타깝게도 그들의 사랑은 단 일주일뿐이었다. 콜레라를 피해 몰려든 피난민들을 돌보던 월터는 결국 감염된다. 죽기 직전, 그는 키티에서 마지막 용서를 구한다. 영화는 전반적으로 잔잔했지만 그 고요함 속에 깊은 울림이 있었다. 무엇보다 그들이 너무 늦게 사랑을 깨달았다는 것. 처음부터 서로 존중하고 진실했더라면 비극은 피할 수 있지 않았을까. 하지만 인생이 그렇듯 그들의 사랑 역시 베일에 가려져 있었던 것이다.

영화를 보고 나서야 깨달았다. 월터는 처음부터 키티를 사랑하고 있었다는 것을. 단지 표현하지 않았을 뿐이다. 한여름에 일부러 2주간 육로를 택했던 것도, 배신감과 질투에 뒤섞인 복수심 때문이었으리라.

〈페인티드 베일〉은 평생을 같이하는 부부의 의미에 대해 묻는다. 영화 속 대사 "사랑은 서로의 없는 부분도 채워질 수 있는 것. 당신 말이 옳아. 우리는 너무 오랫동안 서로에게 없는 것만 찾으려고 애썼어." 부부라면 누구나 공감할 수 있을 것이다.

마지막 장면은 런던으로 돌아온 키티와 아들의 모습이다. 꽃집에서 꽃을 보던 그녀가 아들에게 묻는다.

"일주일이면 시들 텐데 돈 아깝잖아. 네 생각은 어때?"
"그래도 예쁘잖아요."
"그래? 네 말이 맞구나."

비록 단 일주일 만에 끝나버린 사랑이었지만, 그래도 그 사랑이 여전히 아름다웠음을, 그녀는 아들의 말을 통해 인정하고 있었다.

포가튼 러브

 회색빛 겨울과 어수선한 시국 속에서, 무거워진 마음은 초콜릿처럼 달콤한 무언가를 갈망하게 된다. 제목만 보고 선택한 영화 〈포가튼 러브〉. 원제는 'Znachor'로, 폴란드어로 민간 치료사, 돌팔이를 뜻한다. 'Forgotten(잊혀진)'의 단어가 은근히 마음에 걸렸지만, 'Love'라는 단어에서 오는 달콤함을 기대하며 영화를 보기 시작했다.
 1900년 초반, 천재적인 뇌과학 의사로 촉망받던 라파우 빌추르. 그는 환자를 가리지 않고 치료하는 휴머니즘과 의료에 대한 강한 책임감을 가진 의사이다. 그러나 딸 마리시아의 생일날 아내는 어린 딸을 데리고 집을 떠난다. 황망함에 부인을 찾아 나선 그는 거리의 강도에게 습격을 당하고,

이 모습을 본 절친이자 같은 병원 동료는 그를 모른 척하며 배신한다. 그 사건으로 그는 가족과 기억을 모두 잃고 세상은 그를 자살로 처리한다.

그로부터 십오 년 후, 그는 정처 없이 무언가를 찾아 방황한다. 그러다 우연히 만난 농장 여주인의 배려로 한 마을에 머물게 되고, 그녀의 호의 속에서 안정을 찾는다. 이전에 명성과 부를 누렸지만 불행했던 결혼생활과 달리, 지금은 소박하지만 한결 편안한 일상을 보내며, 부와 명예만으로는 행복을 얻을 수 없음을 자연스레 깨닫는다.

빌추르는 기억은 잃었지만 의술은 몸에 배어 있었는지, 아프거나 위험에 처한 사람을 보면 본능적으로 치료한다. 그는 안토니라는 새 이름으로 살아가기 시작한다. 그러던 어느 날 마을에서 성장한 딸 마리시아와 마주한다. 그녀가 자신의 딸임을 모른 채 그는 알 수 없는 끌림과 애정을 느낀다.

마리시아는 선술집에서 만난 젊은 백작 친스키와 사랑에 빠진다. 그러나 백작의 부모가 그들을 반대하던 중, 마리시아는 사고를 당한다. 안토니는 그녀의 뇌를 수술하며 목숨을 구하고, 무면허 의술이라며 그를 의심하던 마리시아의 태도도 달라진다.

영화는 기억상실, 가족의 재회, 사랑이라는 익숙한 테마를 다루지만 권선징악의 전형적인 구조를 따르지 않는다. 빌추르 대신 폴란드 제일의 의사 자리를 차지한 친구도, 마리시아와 백작의 사고를 유발한 청년도 단죄하지 않는다. 아마도 문화적 차이 때문일지도 모른다고 이해했다.

영화의 이야기는 고전적인 듯 보이면서도 서구 영화답게 빠르게 전개된다. 사랑의 반대가 쉽게 풀리고, 무면허 의술로 재판에 넘겨진 빌추르가 딸의 존재를 알게 되는 과정도 답답한 장치 없이 시원하게 진행된다. 해피엔딩을 기대하는 관객의 마음을 충족시키는 전개랄까. 무엇보다 명예와 돈을 가리지 않고 환자를 치료하는 빌추르의 의술과 정직한 인성에 나는 깊은 감명을 받았다.

특히 미국이나 영국이 아닌 폴란드 영화라는 점이 신선했다. 진부한 소재임에도 여러 차례 영화로 만들어질 만큼 원작 소설이 유명하다는 것도 흥미로웠다. 또한 남녀의 사랑뿐 아니라 부녀의 사랑까지 다루어 다양한 사랑의 모습을 보여준다. 아버지와 딸의 합동결혼식 날, 신랑 신부의 댄스보다 아버지와 딸의 춤으로 끝맺는 엔딩 장면은 더욱 뭉클했다. 십여 년 전에 세상을 떠난 나의 아버지가 떠올랐고, 자식을 키우는 부모로서 빌추르의 감정에도 깊이 공감할 수 있었다.

무엇보다 유럽에 다녀온 듯한 섬세하고 아름다운 풍경이 오래 남는 영화였다. 복잡하고 비극적인 이야기가 부담스러운 요즘, 따뜻하게 마음을 덮어주는 영화로 기억될 것 같다.

연두를
　기
　다
　리
　며

초판 1쇄 발행 2025. 11. 21.

지은이 박현명
펴낸이 김병호
펴낸곳 주식회사 바른북스

편집진행 황금주
디자인 심연보
마케팅 송송이 박수진 박하연

등록 2019년 4월 3일 제2019-000040호
주소 서울시 성동구 연무장5길 9-16, 606호 (성수동2가, 블루스톤타워)
대표전화 070-7857-9719 | **경영지원** 02-3409-9719 | **팩스** 070-7610-9820

• 바른북스는 여러분의 다양한 아이디어와 원고 투고를 설레는 마음으로 기다리고 있습니다.
이메일 barunbooks21@naver.com | **원고투고** barunbooks21@naver.com
홈페이지 www.barunbooks.com | **공식 블로그** blog.naver.com/barunbooks7
공식 포스트 post.naver.com/barunbooks7 | **페이스북** facebook.com/barunbooks7

ⓒ 박현명, 2025
ISBN 979-11-7263-665-4 03810

• 파본이나 잘못된 책은 구입하신 곳에서 교환해드립니다.
• 이 책은 저작권법에 따라 보호를 받는 저작물이므로 무단전재 및 복제를 금지하며,
　이 책 내용의 전부 및 일부를 이용하려면 반드시 저작권자와 도서출판 바른북스의 서면동의를 받아야 합니다.